葬式は誰がするのか

葬儀の変遷史

新谷尚紀 SHINTANI Takanori

吉川弘文館

目　　次

第 1 章　天皇と火葬 …………………………………………… *1*
　　　　──2010年代のいま

1　葬儀と選択──厚葬と薄葬のはざまで ………………… *1*
　(1)　天皇と火葬の選択 ……………………………………… *1*
　(2)　歴代天皇の葬法 ………………………………………… *4*
　(3)　3.11東日本大震災と遺体の扱い ……………………… *22*
　(4)　「個人化」から「無縁化」へ …………………………… *26*
　(5)　母親の死と葬送 ………………………………………… *28*

2　土 と 人 間──人は死ねば土へ帰る ………………… *30*
　(1)　先祖から子孫へ ………………………………………… *30*
　(2)　産土神の恵みと遺骨の埋納 …………………………… *31*
　(3)　両墓制と埋葬墓地 ……………………………………… *33*
　(4)　土壌に育まれた生活 …………………………………… *37*
　(5)　土壌維持と施肥 ………………………………………… *39*
　(6)　農業の機械化と化学化・製造業の驚異的な伸び …… *42*
　(7)　有機農業という伝統力 ………………………………… *46*
　(8)　民俗伝承の 3 波展開 …………………………………… *48*

第 2 章　葬送の民俗変遷史 …………………………………… *53*
　　　　──血縁・地縁・無縁

1　日本民俗学は伝承分析学 Traditionology である ……*53*
　(1)　民俗学の葬送習俗研究 ………………………………… *53*
　(2)　民俗学とは何か──folklore ではなく，traditionology である ………… *54*

(3)　柳田國男『先祖の話』の誤読と理解……………………… *57*
　(4)　葬式と講中の世話 ………………………………………… *59*
　(5)　喪主がみずから墓穴を掘る ……………………………… *61*
　(6)　比較研究の視点の重要性と必要性 ……………………… *62*

2　伝統的な葬儀とその担い手——1990年代の調査情報から……… *64*
　(1)　死亡直後からすべて隣近所が行ない,
　　　　家族や親族はいっさい口出しできない葬式 ……………… *64*
　　　——事例Ⅰ　広島県山県郡旧千代田町（現北広島町）の安芸門徒の講中
　　①　葬儀と寺 …………………………………………………… *64*
　　②　アタリ・部落・講中 ……………………………………… *65*
　　　部落と講中／アタリ／千坊講中のお寄り講
　　③　葬　　儀 …………………………………………………… *68*
　(2)　死亡当日だけ家族や親族が準備をするが,
　　　　翌日からはすべて隣近所が行なう葬式 ………………… *75*
　　　——事例Ⅱ　山口県下関市豊北町角島
　　①　講　と　寺 ………………………………………………… *75*
　　②　葬儀と供養 ………………………………………………… *77*
　(3)　葬儀の手伝いは隣近所が行なうが,
　　　　土葬や火葬の役だけは家族や親族が行なう葬式 ……… *85*
　　　——事例Ⅲ　新潟県中魚沼郡津南町赤沢
　　①　葬儀とヤゴモリ …………………………………………… *85*
　　②　旧家の葬儀記録 …………………………………………… *89*
　　　葬儀と香資と御斎／葬儀の役割
　　③　葬　　儀 …………………………………………………… *93*
　(4)　食事の準備から野辺送りまでほとんど家族や親族が行ない,
　　　　隣近所は参列するだけの葬式 ………………………… *100*
　　　——事例Ⅳ　岩手県下閉伊郡岩泉町岩泉
　　①　むかしの生活 …………………………………………… *100*
　　②　葬式の準備 ……………………………………………… *102*

  ③　葬　　式 ………………………………………………………… *104*
  ④　供　　養 ………………………………………………………… *110*
 3　血縁から地縁へ ……………………………………………………… *111*
  (1)　葬儀の担い手 …………………………………………………… *111*
  (2)　タニンを作る村・シンルイを作る村 ………………………… *114*
  (3)　家族のつとめ …………………………………………………… *118*
   死体は腐乱と汚穢／Ａ血縁からＢ地縁への変化／重出立
   証法の有効性
  (4)　古代・中世の記録にみる親族による葬送 …………………… *121*
  (5)　近世における地縁的な組織，講中の形成 …………………… *123*
   安芸門徒の講中と化境／講中と化境の形成

 ま　と　め ………………………………………………………………… *129*

第3章　葬送変化の現在史 ………………………………………… *137*
  ――ホール葬の威力：中国地方の中山間地農村の事例から

 1　公営火葬場と葬祭ホールの開設 ………………………………… *137*
  (1)　町 村 合 併 ………………………………………………………… *139*
  (2)　公営火葬場の設置 ……………………………………………… *139*
   千代田町営「慈光苑」1970年設立／北広島町営「慈光苑」
   2008年設立
  (3)　葬祭ホールＪＡ「虹のホール」の開設 ……………………… *142*
   旧大朝町と旧瑞穂町の火葬場「紫光苑」／火葬の実際

 2　浄土真宗地域の講中と葬儀 ……………………………………… *152*
  (1)　講中と葬儀の変化 ……………………………………………… *152*
   事例Ａ：旧千代田町蔵迫の下打道の講中の例／事例Ｂ：旧
   千代田町壬生の保余原講中の例／事例Ｃ：旧千代田町壬生
   の信友講中の例／事例Ｄ：旧千代田町壬生の惣森の河内
   講中の例／事例Ｅ：旧千代田町壬生の下川東講中の中組の
   例

(2)　講中と葬儀の変化の事例差 ……………………………… 174
3　日本民俗学の「伝承論」 ………………………………………… 176
　(1)　コヤラヒとオヤオクリ ……………………………………… 176
　(2)　ナラティブホームものがたり診療所──ヤシナヒビトの存在 …… 178
ま　と　め …………………………………………………………… 182

あ と が き …………………………………………………………… 187
挿図表一覧 …………………………………………………………… 190
索　　　引 …………………………………………………………… 194

第1章　天皇と火葬
──2010年代のいま

1　葬儀と選択──厚葬と薄葬のはざまで

（1）　天皇と火葬の選択

　2013年（平成25）11月15日，日経・朝日・読売・毎日など新聞各紙は，天皇・皇后両陛下の葬法は火葬を採用する予定であるという宮内庁の発表をいっせいに報じた。そのうち毎日新聞[1]によれば，宮内庁が今回の発表に併せて公表した「両陛下のお気持ち」（要旨）とは次のようなものであった。
　◦宮内庁が公表した「天皇　皇后両陛下のお気持ち」
〈経緯〉　両陛下は，いつとはなしに，将来の代替わりについて思いをいだかれ，かなり早くから陵及び喪儀について話し合うと共に，このようなことは，自分の気持ちだけで決められることではないからと，折に触れ（宮内庁の）長官や参与の意見にも耳を傾けられていた。
〈今後の在り方〉　天皇陛下は，皇室の歴史の中に，陵の営建や葬儀に関し，人々に過重な負担を課することを望まないとの考え方が古くよりあったことに，かねてより思いを致し，極力国民生活への影響の少ないものとすることが望ましいのではないか，とのお気持ちだった。同時に，従来の皇室のしきたりはできるだけ変えず，その中で今という時代の要請も入れて行動することを心がけ，陵や喪儀の在り方についても，そのお気持ちに変わりはない。
〈陵について〉　天皇陛下は，昭和天皇陵と香淳皇后陵が，大正天皇陵と貞明皇后陵の場合と異なり，隣接して平行に設置される形になっていないことを見て，武蔵陵墓地内に用地を確保するには限度があることをおもんぱかられ，品位を損なうことなく陵を従来のものよりやや縮小することができれば，とのお気持ちだった。

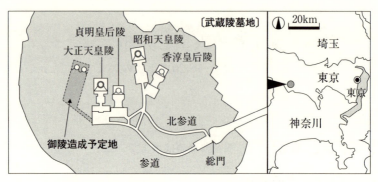

図1　東京都下　八王子市の武蔵陵墓地

表1　昭和天皇の喪儀との比較

	昭和天皇	今回の発表
葬　　法	土葬	火葬
儀式の数	28の儀式と6の関連行事	未定（火葬前には小規模な儀式。火葬後は昭和天皇時を参考に）
葬場殿の儀	新宿御苑	未定
殯宮祗候（一般の通夜）	37日間	未定（火葬後には「奉安宮」に）
陵墓の場所	武蔵陵墓地（東京都八王子市）	同左
墳墓の形	上円下方墳	同左
面　　積	4300㎡（両陛下合計）	約3500㎡（天皇陵と皇后陵を一体的に設置）

　また，陵をやや縮小することにより，昭和天皇陵，香淳皇后陵を囲む形で，これからも何代かにわたり陵が営建され，離ればなれにならずにお鎮まりになることが可能になるのではとのお気持ちだった。さらに，天皇陛下は，かつて合葬の例もあったことから，合葬という在り方も視野に入れてはどうかとのお考えだった。

　皇后さまは，「上御一人(かみごいちにん)」（敬う気持ちを込めて天皇や君主を指す言葉）との思いの中で，それはあまりに畏れ多く感じられ，また自分が先立った場合，陛下在世中に陵が造られることになり，それはあってはならないと思われ，さらに遠い将来，天皇陵の前で祭事が行なわれる際に，陵の前では天皇お一方のための

祭事が行なわれることが望ましく，陛下のお気持ちに深く感謝しつつも，合葬は遠慮しなければとのお気持ちだった。ただ，昭和天皇を直接・間接に身近に感じる世代の方々が，昭和天皇，香淳皇后の近くに鎮まることができれば，とのお気持ちは皇后さまも陛下と共通で，用地縮小という観点や，合葬をとの陛下の深いおぼしめしに応えるお気持ちからも，皇后陵を従来ほど大きくせず，天皇陵のそばに置いていただくことは許されるであろうか，とのお尋ねがあった。

〈火葬について〉　両陛下は，陵の簡素化という観点も含め，火葬によって行なうことが望ましいというお気持ちだった。これは，用地の制約の下で，陵の規模や型式をより弾力的に検討できること，今の社会では火葬が一般化していること，歴史的にも天皇，皇后の葬送が土葬，火葬のどちらも行なわれてきたことからだった。火葬施設は，多摩のご陵域内に専用の施設を設置したい旨申しあげたところ，節度をもって，必要な規模のものにとどめてほしいとのお気持ちだった。

〈葬場殿の儀について〉　皇室として執り行なう葬場殿の儀の場所は，国民が広く利用している場所を長期間占用したり，葬場の設営に際して多くの樹木の伐採をしたりすることがないかなど，国民生活や環境への影響に留意する必要がある，とのお考えだった。

　さらに，近年顕著になっている気象条件の急激な変化を非常に心配し，喪儀に参列される内外の方々に万一の事があってはならず，暑さや寒さに加え，集中豪雨や竜巻などの可能性も十分考慮し，皇太子殿下や秋篠宮殿下などの意見も伺いつつ選定してほしいとのお気持ちだった。

その毎日新聞に民俗学者としてのコメントを求められた私は，記者の取材に対して一定の見解を述べた。そしてそれは次のような記事になった。

○現代にふさわしい

　火葬への転換とご陵を昭和天皇より小規模にするという方向性は現代にふさわしい。天皇・皇后陵を隣り合わせにするという配置も家族を大事にするという国民の理想を体現しており，象徴天皇制に合っていると思う。歴史を振り返っても，天皇の埋葬形式には変遷があり，上円下方墳も明治期からで，いわば小さな伝統だ。火葬の採用は，王政復古以来の形が終わ

るとも言えるが，大きな伝統としては，持統天皇以来の薄葬思想にも共通するところがあり，両陛下はこうした流れに沿いながら新しい伝統を作ろうとしているのだと感じている。
　一方で，今回の発表では即位したときから象徴天皇である陛下の事績と記憶をどう後世に伝えていくのかという視点が不足しており，今後の検討課題にすべきだ。

　このコメントで，私が今後の検討課題だとして「事績と記憶」ということに言及しているのには1つの理由がある。それは私が観察している現在の日本各地の葬送民俗の変化の中で新たに注目してよいと思われるのが，葬儀の要点が「供養から記憶へ」という変化だからである。これまでの葬送民俗の要点は故人の「安らかな成仏を」という祈りであった。

　しかしいまは故人の「記憶と記念」を大切にしようという配慮へと変わってきているのである。人それぞれに生きた証しを大切にという思いが広がっているのである。そして，そのような故人の生きた証しを記憶にとどめ，それに学びながら自分の生き方や生きがいに活かそうとする葬送の民俗のあり方は，確かに現在の新しい変化のようでありながらも，実はよく追跡してみると歴史の中に長く底流してきているものであることにも気づく[2]。

　通常化してマニュアル化された葬儀が行なわれていた時代と，現在のように激変の中で模索の中にある葬儀の時代と，両者のたがいの比較の視点に立つことによって，長い歴史の民俗変化の中から新たな意味ある知見を見出すことができるにちがいない。

（2）　歴代天皇の葬法

　歴代天皇の喪儀と葬送の形はそれぞれの時代によって大きく変化してきた。殯宮の儀礼など古代の伝統的な旧俗を伝えた最後の天皇の葬儀は，朱鳥元年（686）没の天武天皇のそれであった。表2にみるように朱鳥元年9月9日の崩御から持統2年11月11日の檜隈大内陵への葬送まで2年2ヵ月もの間，殯宮の儀礼が行なわれている。それに対して天武の皇后であり律令国家の樹立の象徴的な天皇である持統天皇は，天皇として最初に火葬を選択した天皇であった。そして，喪葬は倹約を旨とする薄葬の詔を遺していた。この薄葬の思想は，表

表2　天武天皇の喪送記事

朱　鳥　元	持　統　元	持　統　2
	1.1　皇太子，公卿・百寮人を率いて殯宮に慟哭，誄。衆庶発哀，梵衆発哀，奉膳紀朝臣真人ら奠を奉る。膳部・采女ら発哀，楽官奏楽	1.1　皇太子，公卿・百寮人を率いて殯宮に慟哭
	5　皇太子，公卿・百寮人を率いて殯宮に慟哭。梵衆発哀	2　梵衆，殯宮に発哀
		8　無遮大会を薬師寺に設く
		23　新羅の金霜林ら三度発哭
	3.20　花縵を殯宮に進む（これを御蔭という）。誄	2.16　詔して，今後国忌の日ごとに斎をすることを命ず
	5.22　皇太子，公卿・百寮人を率いて殯宮に慟哭。誄	3.21　花縵を殯宮に進む。誄
	8.5　殯宮に奠をする。これを御青飯という	8.10　殯宮に奠をする。慟哭。誄
	6　京の耆老男女，皆，橋の西に臨み慟哭	11　（伊勢王に命じて葬儀を宣わしむ）
	23　三百人の高僧を飛鳥寺に請集し，天武天皇の御服で縫い作った袈裟を施す	11.4　皇太子，公卿・百寮人・諸藩の賓客を率いて殯宮に慟哭。奉奠。楯節舞を奏す。誄
9.9　正宮に崩ず	9.9　国忌の斎を京師の諸寺に設く	5　蝦夷百九十人調賦を負荷して誄
11　初めて発哭。殯宮を南庭に起つ	10　殯宮に設斎	11　誄。当麻真人智徳，皇祖等の騰極の次第を誄奉る（これは礼であり古くは日嗣といった）。大内陵に葬る。
24　南庭に殯す。発哀	23　新羅の金霜林ら大宰府から東に向いて三拝。三発哭	
27　僧尼，殯宮に発哭。初めて奠進。誄	10.22　皇太子，公卿・百寮人幷諸国司，国造及百姓男女を率いて初めて大内陵を築く	
28　僧尼，殯宮に哭。誄		
29　僧尼，発哀，誄		
30　僧尼，発哀，誄。種々の歌舞を奏す		
12.19　天皇のために大官大寺はじめ，五ヶ寺に無遮大会を設く		

表3　歴代天皇の葬送記事

持統天皇

大宝2.12.22	崩。遺詔して素服挙哀を禁。喪葬は倹約に
23	作殯宮司・造大殿垣司を任ず
25	四大寺に設斎
29	西殿に殯す
3.1.1	親王以下百官人ら殯宮を拝す
5	大安以下四寺に設斎
2.17	七々日、四大寺他四天王寺など三十三ヵ寺に設斎
4.2	御在所に百日の斎を設く
10.9	御葬司を任ず。御装長官・御竈長官
12.17	誄，謚，飛鳥岡に火葬
26	大内陵に合葬

文武天皇

慶雲4.6.15	崩。遺詔して挙哀三日，凶服一月
16	小野毛野らをして殯宮の事に供奉せしむ(初七より七々まで四大寺に設斎)
10.3	造御竈司，造山陵司・御装司を任ず
11.12	誄，謚，飛鳥岡に火葬
20	檜隈安古山陵に葬

元明天皇

養老5.10.13	詔，薄葬，火葬
16	かさねて詔，薄葬，喪処に常葉之樹と刻字之碑
12.7	平城宮中安殿に崩
8	御装束の事，営陵の事を任ず
13	大倭国添上郡椎山陵に葬

元正天皇

天平20.4.21	寝殿に崩
22	御装束司，山作司，養役夫司を任ず。諸国，挙哀三日
27	初七で飛鳥寺にて誦経(これより七日ごとに京下の寺にて誦経)
28	天下素服，佐保山陵に火葬
5.8	諸国に命じ，七日ごとに国司，僧尼，寺にて敬礼読経
12.18	遣使して佐保山陵を鎮祭。僧尼各一千を度す
天平勝宝2.10.18	太上天皇を奈保山陵に改葬，天下素服挙哀

聖武天皇

天平勝宝8.5.2	寝殿に崩
3	御装束司，山作司，造方相司，養役夫司任ず
6	文武百官素服，内院南門の外に朝夕挙哀

天平勝宝8.5.8	初七,七大寺に誦経(これより七日ごとに誦経,設斎)
	19 佐保山陵に葬。葬儀は仏に奉ずるが如し,出家のゆえ諡なし
	22 三七日,左右京の諸寺に誦経。坂上犬養,鴨虫麿,陵に奉ぜんことを乞い勅許
	23 看病禅師法栄,山陵に侍し,大乗を転読して冥路を資け奉らんと誓う
6.9	太上天皇の供御米塩の類は鑑真・法栄二人に宛てて永く供養せしむ
21	七七日,興福寺に設斎

称徳天皇

宝亀元.8.4	西宮寝殿に崩。御装束司,作山陵司,作路司,養役地司を任ず
6	天下挙哀,服は一年
8	天下凶服により釈奠を停む,初七,東西大寺にて誦経(これより七日ごとに誦経・設斎)
17	大和国添下郡佐貴郷高野山陵に葬,御前次第司・御後次司を任ず。道鏡陵下に留廬す
9.22	七七日,山階寺に設斎。諸国,僧尼,行道転経せしむ

光仁天皇

天皇元.12.23	崩。詔して著服六月,挙哀三日。御装束司,山作司,養役夫司,作方相司,作路司を任ず
29	初七,七大寺に誦経(これより七日ごと京師の諸寺に誦経。諸国国分尼寺の僧尼も設斎。追福)
延暦元.1.6	誄,諡
7	広岡山陵に葬
30	大祓,百官素服を釈がず
7.29	神祇官・陰陽寮の奏により詔して諸国に祓ののち釈服を指示
8.1	百官釈服。陰陽頭以下十三人を大和国に遣して光仁天皇改葬のための山陵の地をみさせる
5.10.28	太上天皇を大和国田原陵に改葬

桓武天皇

大同元.3.17	正寝に崩
18	御装束司,山作司,養役夫司,作方相司,作路司を任ず
19	山城国葛野郡宇太野を山陵地とする。百官素服
23	初七斎を京下の諸寺に。山陵予定地が賀茂社に近く,そのためか災異頻来
4.1	誄,諡
7	誄山城国紀伊郡柏原山陵に葬
8	三七斎を山陵に
13	藤原緒嗣以下を先帝奉侍,山陵監護をもって叙位
15	四七斎を崇福寺に
22	五七斎を大安・秋篠などの寺に
29	六七斎を崇福寺に

大同元.5.6		七七御斎を寝殿に
	7	大極伝幷東宮において大般若経を奉読，勅して諸国大祓使の到るをまち祓清め釈服
	10.11	桓武天皇を柏原陵に改葬。挙哀，素服

平城天皇

天長元.7.7		崩
	8	御装束司任ず
	9	誄
	12	楊梅陵に葬

淳和天皇

承和7.5.6		薄葬，散骨の遺詔
	8	淳和院に崩。装束司，山作司，養役夫司，作路司，御前次第司長官，御後次第司長官を任ず。建礼門南庭にて放生。国郡官司に九日より素服，挙哀三日，毎日三度と指示
	9	誄，謚。天皇素服，公卿百官人，会昌門前庭で挙哀三日，毎日三度
	13	夕方から山城国乙訓郡物集村に葬。御骨は砕粉，大原野西山嶺上に散骨
	14	初七。京辺七ケ寺にて誦経
	21	二七。左右京に振給

嵯峨天皇

承和9.7.15		嵯峨院に崩。薄葬すべきの旨遺詔，放生。挙哀素服停止
	16	山水幽僻地を択んで山陵と定め，即日御葬畢

仁明天皇

嘉祥3.3.21		清涼殿に崩
	22	御葬司を任ず。装束司，山作司，養役夫司，作路司，前次第司長官，後次第司長官
	25	薄葬の遺制により山城国紀伊郡深草山陵に葬。方相など停む
	27	初七日。近陵七ケ寺に遣使して功徳を修す（これより七日ごとに御斎会）
4.2		公卿僉議で七々日御斎会司を定む。御斎会行事，造仏司，荘厳堂司，供僧司
	4	凶服を除くため，大中臣氏を諸国に遣し大祓を修す
	18	深草陵の窣堵婆に蔵する所の陀羅尼が自ずから発して地に落つ。参議伴善男を遣わして安置
5.9		七々日御斎会を清涼殿を荘厳し，金光明経，地蔵経各一部，それに新造地蔵菩薩像を安置し百僧を屈請して修す

文徳天皇

天安2.8.27		冷泉院の新成殿に崩ず。装束司，山作司，養役夫司，作路司，前次第司長官，後次第司長官を任ず
9.2		大納言安倍朝臣安仁ら，陰陽権助兼陰陽博士滋岳朝臣川人，陰陽助兼博士

		笠朝臣名高らを率いて山城国葛野郡田邑郷真原岡を山陵地と点定す
天安2.9.3		七日に盈つ，近陵の諸寺に遣使して功徳を修す(以後七日ごとに京辺の諸寺に転念功徳を修す)
	4	諸国素服，挙哀之礼毎日三度，三日。公卿以下喪服十三日間
	6	夜，田邑の真原山陵に葬。殯葬礼，送終之礼倹約に，仁明天皇の故事にならうも，この度は方相氏あり
	7	近陵の山寺に十僧を安置。四十僧を広隆寺に。沙弥二十人を陵辺に安置，昼夜結番
	14	大中臣氏人を遣わし修祓，釈服
	16	今上公除，百官吉服，朱雀門前に大祓
	10.16	七々日御斎会
	17	陵辺に三昧を修する沙弥二十口を双丘寺に住さしむ
	23	陰陽助兼陰陽権博士笠朝臣名高を遣わして真原山陵に鎮謝

清和天皇

元慶4.12.4		申二刻，円覚寺にて崩(入道)。西方に向かい，結跏趺座して手に定印を結んで崩。念珠を手にかけたまま，棺に。遺詔，中野に火葬，山陵を起てず。不挙哀素服。縁葬之諸司に任せず，喪事は惣じて省約に従うこと
	7	夜，山城国愛宕郡上粟田山に葬。御骸は水尾山上に置く
	10	初七。七ケ寺に遣使して転念功徳を修す
	11	円覚寺に僧五十口を延べて，今日より昼は法華経，夜は光明真言を誦す。四十九日をもって薫修の終となす
5.1.22		七々，円覚寺に設斎

光孝天皇

仁和3.8.26		仁寿殿に崩。御葬司を任ず
	29	諸国に挙哀三日，喪服の期など指示
	9.2	紫宸殿の前にて挙哀，公卿以下東宮にて挙哀。東宮は倚廬に御して素服。内膳司ら光孝天皇への御膳を誤って東宮へ供す。この日，光孝天皇を小松山陵へ葬
	3	初七日。近陵七ケ寺へ遣使して諷誦を修す(以後七日ごとに誦経)
	15	縗麻を釈ぎ，凶服を除くため諸国へ遣使して大祓を修す
	10.14	七日御斎会を西寺に修す
	27	新陵が昼夜雷鳴十余日を経る
	8.17	新造西山御願寺において周忌御斎会
	29	朱雀門にて大祓。明日吉に就く
	9.1	昨日，はじめて素服を脱ぐ

醍醐天皇

延長8.9.29		崩
	10.10	山城国宇治郡山科陵に葬
	11	御輿，山陵に到る。百官素服

延長8.11.15	中宮，中陰斎会を修せらる
承元元.9.16	国忌斎会，また中宮，天台山西塔院に法会を修す
24	醍醐寺にて周忌斎会
30	朱雀門前にて大祓

宇多天皇

承平元.7.19	戌時，仁和寺南御室に崩（入道）
20	遺詔。葬司のこと以下惣じて停止の由
25	素服，挙哀を止め，天皇，錫紵を服すこと三日
9.5	夜，大内山山陵へ改葬
8	東大寺にて七々の御斎会を修す
12.17	建礼門に大祓，心喪満限，諸司吉服
2.7.19	男女親王，御周忌斎会を修す

村上天皇

康保4.5.25	巳刻，清涼殿に崩
27	諸国に仰す。素服挙哀は止め，心喪はあるべし。亥時御入棺
6.4	村上山陵に葬
8.14	清涼殿に四十九日御斎会を修す，旧臣冷泉院に参って捧物
5.5.20	雲林院にて周忌御斎会。七僧他二十僧，加請
25	天台大日院にて周忌，諷誦

表4　一条天皇の葬送記事

寛弘8（1011）.5.25	発病，病状悪化
6.13	一条天皇譲位。三条天皇即位
21	辞世の歌
22	臨終の念仏，魔障を払う加持，祇候している諸卿ら下殿。絶命
25	陰陽師による葬儀次第の日時勘申，葬儀次第の決定。棺の作製，沐浴，入棺
7.8	葬送，荼毘。御骨は円成寺へ安置
20	円成寺内に造った小堂に納骨
8.2	中殿にて七々日の法事
11	院にて七々日の正日の法事
9（1012）.5.27	円教寺にて一周忌の法事
6.22	院にて一周忌の法事

3にみるように奈良時代から平安時代の歴代の天皇に継承されており，とくに承和7年（840）5月没の淳和天皇の場合には徹底していた。火葬して散骨せよとの遺詔をのこして，山城国乙訓郡物集村で火葬に付された遺骨は遺詔のとおりに粉砕され，大原野の西山の峰に散骨された。

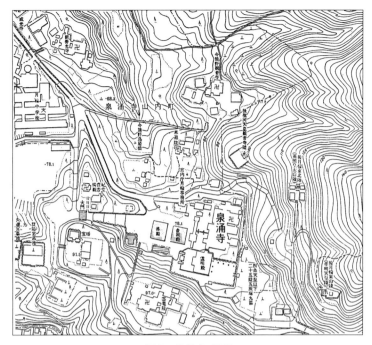

図2　泉涌寺 地図

　10世紀からの浄土教思想の高揚を受けた摂関期の葬送は，たとえば，表4の一条天皇の例にみるように仏教式で行なわれ，火葬した後の遺骨は寺院の小堂に納骨安置されて四十九日や一周忌の法事が営まれるかたちとなっていた。その平安時代から鎌倉時代にかけて歴代天皇の遺骨の安置と法要の営みが行なわれた寺院は，歴代の天皇によってそれぞれさまざまであったが，その後，室町時代から江戸時代を通じて歴代の天皇の墓所が多く営まれて皇室の菩提寺ともなっていったのは京都東山の泉涌寺であった。その泉涌寺の立地する東山阿弥陀ケ峰の南西方一帯は古くから鳥戸野と呼ばれて，同じく鳥辺野と呼ばれた北西方一帯が庶民の葬送地として知られていたのに対して，高貴な人たちの葬送地として知られていた。『栄花物語』の「とりべ野」にも描かれているように，この地の鳥戸野陵内には一条天皇の皇后定子や後朱雀天皇皇后禎子をはじめ多くの皇族女性の遺骨が火葬塚に納められている。

　鎌倉時代の戒律復興で知られる名僧俊芿（1166—1227）が彼に帰依する宇都

表5 天武・持統以降の歴代天皇の葬法

天　皇　名	葬　　法	天　皇　名
天武(…—686)	土葬(殯宮を営む旧来の喪儀の最後)	六条(1164—76)
持統(645—702)	火葬(天皇で最初の火葬・薄葬の詔)	高倉(1161—81)
文武(683—707)	火葬	安徳(1178—85)
元明(661—721)	火葬(薄葬の詔)	後鳥羽(1180—1239)
元正(680—748)	火葬	土御門(1195—1231)
聖武(701—756)	土葬	順徳(1197—1242)
孝謙・称徳(718—770)	土葬	仲恭(1218—34)
淳仁(733—765)	土葬	後堀河(1212—34)
光仁(709—781)	土葬	四条(1231—42)
桓武(737—806)	土葬	後嵯峨(1220—72)
平城(774—824)	土葬	御深草(1243—1304)
嵯峨(786—842)	土葬(薄葬の詔)	亀山(1249—1305)
淳和(786—840)	火葬(薄葬の詔・天皇で唯一の散骨)	後宇多(1267—1324)
仁明(810—850)	土葬(薄葬)	伏見(1265—1317)
文徳(827—858)	土葬(薄葬)	後伏見(1288—1336)
清和(850—880)	火葬(薄葬)	後二条(1285—1308)
陽成(868—949)	土葬	花園(1297—1348)
光孝(830—887)	土葬	後醍醐(1288—1339)
宇多(867—931)	火葬(薄葬)	光厳(北朝)(1313—64)
醍醐(885—930)	土葬	光明(北朝)(1321—80)
朱雀(923—952)	火葬	後村上(南朝)(1328—68)
村上(926—967)	土葬(薄葬)	
冷泉(950—1011)	火葬	崇光(北朝)(1334—98)
円融(959—991)	火葬	後光厳(北朝)(1338—74)
花山(968—1008)	火葬	
一条(980—1011)	火葬(寺院内の小堂に納骨)	長慶(北朝)(1343—94)
三条(976—1017)	火葬	後円融(北朝)(1358—93)
後一条(1008—36)	火葬(寺院内の小堂に納骨)	
後朱雀(1009—45)	火葬	後亀山(南朝)(…—1424)
後冷泉(1025—68)	火葬	
後三条(1034—73)	火葬	後小松(1377—1433)
白河(1053—1129)	火葬(鳥羽殿の三重塔に納骨)	称光(1401—28)
堀河(1079—1107)	火葬	後花園(1419—70)
鳥羽(1103—56)	火葬(安楽寿院の塔に納骨)	後土御門(1442—1500)
崇徳(1119—64)	火葬	後柏原(1464—1526)
近衛(1139—55)	火葬(鳥羽殿の多宝塔に納骨)	後奈良(1496—1557)
後白河(1127—92)	火葬(法住寺法華堂に納骨)	正親町(1517—93)
二条(1143—65)	火葬	後陽成(1571—1617)

葬　　法
火葬か不詳
火葬
壇ノ浦で入水
火葬
火葬
火葬
不詳
土葬（泉涌寺山内　観音寺陵）
火葬（泉涌寺　月輪陵）
火葬
火葬
火葬
土葬か不詳
火葬
火葬
不詳
不詳
土葬
火葬
火葬
土葬か不詳
不詳
火葬（泉涌寺　雲龍院内　分骨所）
火葬か不詳
火葬（泉涌寺　雲龍院内　分骨所）
不詳
火葬（泉涌寺　雲龍院内　灰塚）
火葬
火葬
火葬（泉涌寺　月輪陵内　灰塚）
火葬（泉涌寺　月輪陵内　灰塚）
火葬（泉涌寺　月輪陵内　灰塚）
火葬（泉涌寺　月輪陵内　灰塚）
火葬（泉涌寺　月輪陵内　灰塚）

宮（中原）信房からこの地にあった仙遊寺の寄進を受けてあらためて泉涌寺と名づけたのは建保6年（1218）のことであった[3]。俊芿は天台律禅三宗兼学の学僧として名望を集め後鳥羽院，後高倉院，順徳院の帰依を受けてその戒師をつとめるなどしている。そして，関白九条道家や執権北条泰時たち公武の帰依を受けて泉涌寺の復興につとめたことが，のちに泉涌寺が皇室の菩提寺ともなっていく伏線となっている。その最初の契機は，一つには承久3年（1221）の承久の乱で仲恭天皇が廃位させられ，後鳥羽・順徳・土御門の3上皇が隠岐，佐渡，土佐へと配流されるという異常な状況の中で即位した後堀河院の葬送で泉涌寺山内に観音寺陵が営まれたこと，もう一つにはその後堀河院の皇子でわずか2歳で即位し12歳で亡くなった四条天皇の葬送でまた泉涌寺が選ばれて月輪陵が営まれたことであった。後堀河院は土葬で四条天皇は火葬であったが，後世の『増鏡』（第四，三神山）も伝えるように四条天皇が俊芿の生まれ変わりだという風評が流れるなど，後堀河と四条の父子2人にとって俊芿と泉涌寺との関係には縁の深いものがあったと考えられる。

　ただし，鎌倉時代の例はその2人だけで，あらためて泉涌寺が天皇の葬送の場所として集中してくるのは南北朝期の後光厳天皇の葬送からである。南朝の歴代天皇につい

天　皇　名	葬　　法	天　皇　名
後水尾(1596—1680)	土葬(泉涌寺　月輪陵)	後桜町(1740—1813)
明正(1623—93)	土葬(泉涌寺　月輪陵)	後桃園(1758—79)
後光明(1633—54)	土葬(泉涌寺　月輪陵)	光格(1771—1840)
後西(1637—85)	土葬(泉涌寺　月輪陵)	仁孝(1800—46)
霊元(1654—1732)	土葬(泉涌寺　月輪陵)	孝明(1831—66)
東山(1675—1709)	土葬(泉涌寺　月輪陵)	明治(1852—1912)
中御門(1701—37)	土葬(泉涌寺　月輪陵)	大正(1879—1926)
桜町(1720—50)	土葬(泉涌寺　月輪陵)	昭和(1901—89)
桃園(1741—62)	土葬(泉涌寺　月輪陵)	今上(1933—　　)

図3　四条天皇陵墓

ては史料が少なく不詳の例が多いが，後光厳天皇以降の北朝の歴代と南北朝合体以後の歴代はほぼ泉涌寺が天皇の葬送の場所となり，火葬と拾骨と納骨というかたちが定着してくる。その後光厳天皇が泉涌寺を葬送の場として選んだ理由として考えられるのは，泉涌寺21世住持竹岩聖皐（しょうこう）への帰依である。足利尊氏と直義の対立による観応の擾乱（1350—52）のさなか北朝方の光厳・光明・崇光の3上皇が京都を離れて南朝方の手にある中で，幕府によって擁立され，三種の神器もないままの異常な状態で文和元年（1352）8月17日践祚，9月25日即位したのが後光厳天皇である。その天皇が泉涌寺の竹岩長老の徳を慕ってその授戒をうけ，泉涌寺に雲龍院という塔頭を創建しており，皇子の後円融天皇も竹岩長老の徳を慕い龍華院を創建している。泉涌寺の竹岩長老への帰依は後円融天皇皇子の後小

葬　　　　法
土葬（泉涌寺　　月輪陵）
土葬（泉涌寺　　月輪陵）
土葬（泉涌寺　　後月輪陵）
土葬（泉涌寺　　後月輪陵）
土葬（泉涌寺　　月輪東山陵）
土葬（上円下方墳　伏見桃山陵）
土葬（上円下方墳　武蔵野陵）
土葬（上円下方墳　武蔵野陵）

松天皇にも引き継がれ，この後光厳・後円融・後小松の３代にわたる帰依がその後の天皇家と泉涌寺との関係を決定的なものにしたといってよい。

　その泉涌寺を葬場とする火葬という葬法に変化がみられるのが江戸時代に入ってからである。承応３年（1654）９月にまだ22歳の若さで父帝後水尾院に先だって崩御した後光明天皇の葬儀では従来の火葬を止めて土葬が採用された。このときは御棺を納めた宝龕を御廟所に運んで石の唐櫃へと納めて埋葬する方式が採られている。その後光明天皇の父親の後水尾院が85歳の長寿で延宝８年（1680）８月19日に崩御するが，そのときは伝統的であった火葬を採用する意見も寺院関係者などから出されていた。『後水尾院崩御記』所引の『俊方朝臣記』には，「前例多候間此度仙洞御火葬ニ願候，深草安楽行院ニ治御骨堂モ後陽成院崩御之時分出来，其以後破損ニテ雨露モ掛リ候体如何ニ候間，此度之事願之由，御灰ヲ泉涌寺ニ治申也」とある。しかし，結局は土葬で行なうことに決定されたことが『兼輝公記』(4)の記事などからわかる。そして，これ以後はとくに議論されることもなくすべて泉涌寺の陵内に土葬埋葬されることとなった。

　ここで重要なのは単に火葬から土葬へという葬法の変化に留まらなかったという点である。それは『泉涌寺史』(5)も指摘しているように，これまでの中世以来の葬送では泉涌寺は葬儀と火葬の場所ではあったが，天皇の遺骨が納められる埋葬寺院では必ずしもなかった。火葬による天皇の灰塚は残るが，遺骨は伝統的な深草法華堂に納められたり，ときには分骨されて天皇の墓所をもつ菩提寺が何ヵ所か別にできていたのである。しかし，それが土葬となると泉涌寺は葬儀の場所であると同時に玉体が永遠の眠りにつく墓所となったのである。つまり，泉涌寺が唯一の天皇家の菩提寺となったのであり，土葬の採用は泉涌寺がまさに名実ともに皇室の「お寺」となったことを意味したのである。

　ただし，この江戸時代の歴代天皇の土葬という葬法の採用は実は奇妙な方式をともなうものであった。それは，『孝明天皇紀』(6)収載の『言成卿記』(7)や

図4　後水尾天皇陵墓

図5　月　輪　陵

『国事要録』が引用する山陵奉行の戸田大和守忠至の建言からわかる。その戸田大和守忠至の建言とは，慶応2年（1866）12月崩御の孝明天皇の葬送に関する建言であり，その中に次のような文言がみえる。

 （前略）後光明天皇御新喪之御時ヨリ御火葬被為廃候得共，其後御代々様御葬送御龕前堂ヘ入御，御式被為済，夫ヨリ山頭堂ニ而，御茶毘之御作法有之，其所ヨリ御廟所迄ハ，寺門僧徒共御密行ト奉稱，御表向ハ御火葬，御内実ハ御埋葬ト申御儀奉存候，

つまり，これまでの泉涌寺での江戸時代の歴代天皇の葬儀は内実は土葬であるが，表向きの葬儀は仏教式の火葬の儀式をずっと行なってきていたというのである。それに対して，このたびの孝明天皇の葬儀では，この方式を廃止すべきだというのである。戸田大和守忠至は，「断然内外一致，御埋葬御之御礼儀ニ被為復，御茶毘無実之御規式，一切廃止ニ相成候様仕度奉存候」と主張しており，そして実際に，「廿七日（慶応3年正月），酉刻出棺云々，是迄御茶毘御作法之間，移御枕火於御前火，殿上人取之，今度御埋葬之間不及其儀，龕前堂称御車寄，百味食供進在之云々」という次第となった。つまり，孝明天皇の葬儀で初めて仏教式の茶毘の作法が廃されたのであった。ただし，その葬儀では従来からの慣習を引いてやはり泉涌寺の長老以下衆僧による御所での入棺作法から泉涌寺への宝龕の到着後の修法と読経，そして御陵の宝穴の中の石槨への納棺，蓋石で覆い土を盛り上げ須屋を設営してからの香華・読経など，いずれも泉涌寺の長老以下衆僧が奉仕する仏教式の葬送作法が執り行なわれたのであった。ただ，御陵の名は従来の月輪陵とは区別して月輪東山陵と名づけられ，のちに1897年（明治30）に亡くなる孝明天皇の皇后の英照皇太后もその地の月輪東山陵に葬られている。

 近代国家日本の元首となった明治天皇の場合は格別であった。『明治天皇紀』[8]によれば，崩御は1912年（明治45）7月30日午前零時43分，宝算61歳，身長5尺5寸4分であった。大喪儀は9月13日，青山練兵場内に設営された葬場殿で執り行なわれた。皇居からの出発で霊柩の輴車が二重橋を越えるときには陸海軍の弔砲が鳴り響き，市内外の寺院の弔鐘がこれに和したという。青山の葬場殿での喪儀では祭官長の公爵鷹司煕が霊前で祭詞を奏上し，侍従長公爵桂太郎が御誄を読むなど神道式の喪儀であり仏教色はいっさい排除されていた。

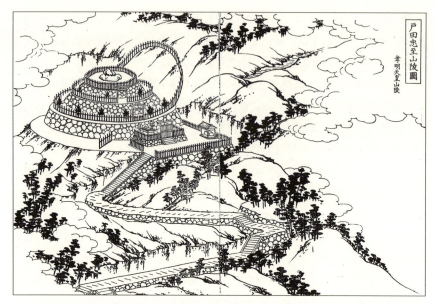

図6　孝明天皇陵

図7　明治天皇大喪当日の東京虎ノ門外

図8　青山練兵場に設営された葬場殿

図9　伏見桃山陵へ到着した明治天皇の霊柩

図10　伏見桃山陵　遠景

図11　伏見桃山陵　近景

皇后以下イギリスやドイツをはじめとする各外国皇帝名代の拝礼の後，内閣総理大臣西園寺公望が拝礼し誄詞を奏上した。陵墓は京都の伏見桃山御陵と決定されており，9月14日夜中午前2時に霊柩列車は青山仮停車場を出発した。途中，新宿，品川をはじめ，静岡，名古屋，京都など計13駅で停車しながら東海道を下り，同14日午後5時10分に桃山仮停車場に到着し

表6　明治神宮造営の過程

1912(明治45).7.30		崩御
		御陵地は東京へとの市民の要望あるも，先帝の遺志により伏見桃山へ。英霊を奉祝せんと，実業家の有志，まず東京商業会議所に会合。政府関係者，衆議院議員，東京市・府の名誉職協議会開く。区会も連合協議会をつくり，意見書を内相へ
1913(大正2).1.21		帝国教育会からも請願提出
	2.27	貴族院も建議
	3.26	衆議院も建議　首相・内相・宮内相・元老などへ
		渋沢男爵　明治天皇神宮御造営奉賀委員長
	7.	天皇の御一年祭終了後，創建の準備へ
	10.28	神社奉祀調査会閣議
	12.20	神社奉祀調査会官制公布
		会長　原敬・大隈重信・大浦兼武。委員に渋沢栄一・三上参次・荻野由ら。鎮座地　富士山・御嶽山・筑波山ほかいろいろ候補地あり
1914(3).1.15		調査会で(明治天皇との御縁故最も深き)東京府へ。候補地は戸山学校・白金火薬庫跡・青山練兵場跡地・南豊島御料地など
	11.3	例祭日　明治天皇誕生日。勅使差遣も。神宝は神服・神剣・神鏡
1915(4).4.30		明治神宮造営局　総裁伏見宮貞愛親王
	10.7	地鎮祭
1919(8).5.27		立柱祭
	7.12	上棟祭
1920(9).10.28		清祓及新殿祭
	29	御飾
	11.1	鎮座祭
1921(10).11.1		宝物殿完成
	12.22	すべて完了

た。霊柩は葱華輦に遷され二手に分かれた105人の八瀬童子によって奉昇されて陵所に向かい午後7時35分に祭場殿に到着した。つづいて霊柩は御陵の須屋の中の宝穴の中の石槨内に安置してある木槨の中に奉安された。貞愛親王が「伏見桃山陵」の5文字を刻した陵誌を奉納したあと拝礼して手に清らかな土をもって3度ほど石槨の上に置いた後，清砂をもって上部を覆った。そして，翌15日の午前7時に埋柩の儀が終了した。ついで午前9時に陵前祭が行なわれ9時55分に葬送の儀すべてが終了した。

明治天皇の御陵がなぜ東京ではなく，京都の伏見桃山に設営されたのか。そ

れについて『明治天皇紀』は興味深い記事を載せている。それは1903年（明治36）のことであった。その年4月に海軍大演習の観艦式と第5回内国勧業博覧会の開会式に臨席するために，京都御所に明治天皇・皇后両陛下が滞在していたとき，「一夕，皇后と饌を倶にし，旧都の今昔を語りたまふの次，卒然として宣はく，朕が百年の後は必ず陵を桃山に営むべし」といわれたという。父帝孝明天皇の36歳での急死を受けて，慶応3年（1867）正月にまだ元服前の満14歳で即位した明治天皇にとっては，新都東京はあくまでも関東の地であり，京都こそが先祖代々の故地であり自分自身にも懐かしい土地であったことと思われる。それがこのような陵墓への希望となって表れたのであろう。この明治天皇の伏見桃山御陵の上円下方墳という墳墓型式は古代の古墳を模す復古的な造形であったが，その後，大正・昭和と近代天皇陵のモデルとなって現在に至っている。しかしその一方，東京府民をはじめ政治・経済のリーダーたちの間では明治天皇の記憶を東京の地に留めたいと念願する人たちの希望は強く，聖体安置の伏見桃山御陵とは別に聖霊奉祭のための神宮の創設を東京に実現する動きが起こる。それが1920年（大正9）に鎮座祭が行なわれて竣工される明治神宮の創祀へとつながっていったのである。

（3） 3.11東日本大震災と遺体の扱い

2011年（平成23）の3.11東日本大震災は，これからの日本の先行き不安，さらには崩壊へという歴史を暗示しているかのようであった。亡くなった大勢の犠牲者に深く哀悼の意を捧げるとともに，先祖から伝えられた土地や家屋を放棄して故郷を失わなければならなくなっている多くの方々のことを思うと，自分たちの非力を思い知らされる。恐怖の放射能汚染を生み出してきている，そしてこれからも半永久的に放射能汚染を放ちつづける選択しかできない現代日本の「政治」「経済」「科学」の問題体質の度しがたい現状に暗澹たる思いになる。そんな悲しさを越えて現実をみるとき，あらためて近代日本の歴史がおよそ40年周期で天国と地獄の上下運動を刻んできていることに気づく。

1868年（明治元）の明治維新の日本は幕末の膨大な金の流出と不平等条約の屈辱のどん底にあった。そんな日本が40年後の1908年（明治41）には日露戦争に勝利していた。しかし，40年後の1948年（昭和23）には空襲と原爆でどん底

表7　近代日本の興廃の40年周期（分水嶺は20年目にあり）

1868年	明治維新と不平等条約からの出発
	1887年　三大事件建白運動
	1888年　大同団結運動(国民国家の実質化へ／村の若者から国の若者へ)
1908年	日露戦争勝利と大日本帝国
	1928年　満州某重大事件(中国大陸への武力侵略へ)
1948年	原爆と焼け野原の敗戦国日本
	1968年　東大安田講堂事件(高学歴社会へ／パリ五月革命)
1988年	バブル景気とジャパン・アズ・ナンバーワン(エズラ・ヴォーゲルの著書は1979年刊)
	2008年　自公政権崩壊・民主党政権混迷(2007年参議院選挙・2009年衆議院選挙)
2028年	機能不全の日本国？

に落ちていた。その40年後の1988年（昭和63）には金満大国バブル日本となっていた。次の40年後の2028年には日本は再び機能不全のどん底に落ちている可能性がある。

　分水嶺は20年目にある。1888年（明治21）の分水嶺は三大事件建白から大同団結へという国民国家の実質化へと向かうものであった。村の若者が国の若者となって男女ともに富国強兵政策の前線に立って行くことになったのである。1928年（昭和3）の田中義一内閣による強硬外交、その一環としての満州某重大事件は日本が戦争へ破滅へと向かう分水嶺であった。その前にあったのが1923年（大正12）の関東大震災と27年（昭和2）の金融恐慌である。戦後の分水嶺は大学紛争の吹き荒れた1968年（昭和43）、それは高学歴・高技術の若き人材輩出と更なる経済発展へという分水嶺であった。最近の2008年（平成20）、それは政権交代の虚構、軽率ポピュリズムと虚弱な政治の実態の露呈、強力な官僚支配のその更なる強化へ、という分水嶺のようである。

　官僚とは自分のお金ではなく国民という名の他人のお金を税金という名目で吸収し合法的にその使い道を決定できる有力集団である。そのお金を配分して使える政策立案の根幹を握るスタッフである。正義と悪徳、有益と有害という両義性を内在する有能集団であり、一般的な正邪の三分割論でいえば、「良い官僚・普通の官僚・悪い官僚」に大別される。そして、もっとも重要な点は、

法制上の犯罪以外はいっさい責任を問われない巨大な行政権力だという点である。

　2011年の3.11東日本大震災の中でもっとも重大な福島原発事故についても，その原因を作った「政治」「経済」「科学」の枢要な関与者の中で誰ひとり刑事責任も民事責任も問われることがないのである。このような経済産業省と東京電力という官と民の組織の関係についても，「企業の社会的責任」を説いたあの東電中興の祖，木川田一隆（1899—1977）やその師松永安左衛門（1875—1971）がこのいまの現状を見たら何というであろうか。多くの組織は創生期の理想が世代交代のたびに忘れられていき癒着と無責任の体質へと堕落する流れの中にある。日本もこのまま行けば，2028年の地獄に向かうしかあるまい。

　それを避けるためには「政治」「経済」「科学」のそれぞれの組織の中に，弁証法的な緊張と対立と止揚の関係という体質を植え込むことが肝要不可欠である。政権や官僚組織の中での勢力交替を可能かつ現実化することによる相互監視と相互研鑽というシステムの構築こそが腐敗を防ぐ唯一の方法である。正邪の三分割論でいえば，その中の「良い官僚」「良い政治家」「良い科学者」に大きなエールを送りたい。そして，そのような強力な世論の形成を期待したい。人間は個人では弱い，しかし数が増せば強い。付和雷同ではなく，みずからの正義感を磨き上げた個々人の信念にもとづく集合が社会的な力を持つ。それこそが社会や組織の腐敗や滅亡を防ぐのである。

　このような三分割論の鑑識眼を，「政治」「経済」「科学」の各分野に向けて国民一人ひとりが磨くことをこそ念願してきたのが，近代明治の出発時点でイギリスの J. S. ミルの "On Liverty" を『自由之理』として翻訳出版した中村正直（1832—91）であり，『学問のすゝめ』を著した福沢諭吉（1834—1901）であった。そして，昭和の『先祖の話』の著者，柳田國男の学問の基本もそこにこそあった。自立と自律の日本人一人ひとりの育成こそが学問と教育の目的であり責任だと繰り返し述べている。そして，学問こそが社会をよくし人びとを幸福にするのだとその生涯をかけて説いているのである。このまま現代日本の「政治」「経済」「科学」の枢要部が，自己犠牲をともなう抜本改革を避けたままに，既得権益を守り続けてそれぞれの内部の集団的で追随便乗無責任体質とその修復不能化へと向かい，日本国民が40年周期の破滅へと向かう歴史を歩む

のか。あるいは自立的かつ自律的で弁証法的な議論と智恵の対抗的交流による抜本改革への歴史をあらためて進むのか。2008年からの日本はその最後の瀬戸際にあった。その瀬戸際日本を襲ったのが3.11東日本大震災であった。それはまだ修復可能な日本へという舵取りをうながしているかのような事件であった。

　歴史の上で20年と40年とが区切りとなるのは，それぞれの時代の歴史を担う人間の人生の20年周期にあわせて大きく世代が交代するからである。20歳で成人，40歳で不惑，60歳で還暦，それ以降は神仏の恵みであり古稀の70歳，喜寿の77歳，傘寿の80歳，米寿の88歳を祝ってもらえる人生は稀なる果報者の人生である。

　そうした人びとの通常の人生を無残にも奪ったのが，あの3.11東日本大震災であった。数えきれない多くの死者の悲惨な姿を目の当たりにした3.11の経験の中から，人間の死という現実に対して，21世紀の現代社会に生きる私たちが，どのように向き合えばよいのか。民俗学にできることとは何か。自宅での死亡から病院での死亡へ，土葬から火葬へ，近隣縁者の手伝いから葬儀社の利用へ，などの大変化が列島規模で起こってきているその歴史事実の再確認の作業もその一つであろう。事実を確認しながら次の世代のことを考える，それは柳田國男が『先祖の話』[9]の中でも述べているように，歴史の中に伝えられている年久しい慣習を無視したのでは，これからのことを考えるにも何とも心もとないからである。

　このたびの3.11東日本大震災の被災地で大きな問題となったのは，膨大な数の遺体の葬送方法であった。ドライアイスもない劣悪な遺体保存の状況下で衛生上の配慮から選択されたのは，急ごしらえの埋葬用の土地への一斉埋葬であった。昭和30年代までほとんど土葬だった東北地方のことであり，土葬という葬法は自然なものと受け止められてもよかったはずである。しかし，遺族の人たちはそれをあくまで緊急避難的な処置であり，正式の葬送とは受け止めなかった。4月からは各地で一斉に遺体を掘り起こして火葬する動きが起こったのである。ていねいに茶毘に付し家ごとの墓地へと納骨する動きが起こったのである。

　宮城県の発表によれば，石巻市や気仙沼市をはじめ6市町村では11月半ばまでに2108体すべてが掘り返されてあらためて茶毘に付されたという[10]。昭和

30年代以降に新たに普及した火葬であっても，それから40年以上が経ったいまではすでに人びとの間にしっかりと火葬と納骨という方法が定着していたのである。校庭や空き地を利用しての「グラウンドなどへの一斉埋納」は，あくまでも「仮埋葬」「仮埋納」であって，かつて伝統的であった「墓地への土葬・埋葬」とはまったく別物だったのである。前者は単なる遺骸の緊急処理に過ぎなかったのであり，葬儀でも葬送でもなかったのである。
　被災地の人たちにとって葬儀や葬送とは，かつて昭和30年代までは土葬であり埋葬だったのであるが，現在ではすでに確実に新たに定着してきていた火葬と納骨となっていたのである。

（4）「個人化」から「無縁化」へ

　世代交代のリズムにあわせて世の中は約20年で大きく変わる。たとえば宗教学者の島田裕己の『葬儀は，要らない』[11]が話題を呼んだのは2010年（平成22）のことであった。その2010年から20年前の1990年（平成2）当時は，脳死や尊厳死をめぐる問題，葬儀やお墓をめぐる問題が一気に噴出した時期だった。当時『現代お墓事情』[12]を著して家族と墓の変化を読み取った社会学者の井上治代は1991年（平成3）を「山が動いた年」ともいっている。1989年（昭和64年）昭和天皇が長い闘病生活を経て崩御し「尊厳死」が話題となった。翌1990年元駐日米大使ライシャワーがみずからの希望で生命維持装置をはずし，遺骨灰は太平洋へと散骨された。1991年は東海大学病院安楽死事件，脳死臨調中間報告，そして葬送の自由を進める会（安田睦彦会長）の発足の年でもあった。
　あれから20年，2010年は葬儀と仏教という伝統的な関係を根本から揺るがす動きが起こっていた。葬祭業者やJAなどによるセレモニーホールの建設が日本列島をくまなく覆い，その簡単・便利なホールでの葬儀が一般化してきていた。従来の家や檀那寺での葬儀はほとんど見られなくなり，僧侶はホールに呼ばれて読経するだけになりつつある。そこに島田裕己の『葬儀は，要らない』の大ヒットである。刺激的なタイトルは話題を呼ぶための著者と出版社のしかけにすぎないが，その論点は明快である。葬式とは何か，その基本をよく理解した上で納得のいく葬式をした方がよい，という勧めである。寺院住職や葬儀社の言いなりの高価な葬儀費用への見直しを，という主張が共感を呼んでいる

表8　リビング゠ウイル（尊厳死宣言）・脳死と臓器移植・葬送の自由関係略年表

1964年	日本で最初の腎臓移植
1968年	札幌医大和田寿郎教授，心臓移植手術
1976年	アメリカでカレン・アン・クインさん植物状態，生命維持装置をめぐる裁判
	日本尊厳死協会設立
1989年	昭和天皇崩御。日本尊厳死協会への入会者増加
1990年	元駐日アメリカ大使ライシャワー氏，生命維持装置をはずして死去，遺骨は太平洋に撒かれる
	臨時脳死及び臓器移植調査会設置
	もやいの会発足
	21世紀の結縁と葬送を考える会発足
1991年	雑誌『SOGI』発刊
	葬送の自由を進める会発足
	東海大学病院「安楽死」事件
	臨時脳死及び臓器移植調査会中間意見
1992年	臨時脳死及び臓器移植調査会答申（脳死を人の死とし臓器移植認める。なお，脳死を人の死と認めない少数意見も付記）
1999年	日本初の脳死判定による臓器移植が行なわれる（2月28日，くも膜下出血で倒れ高知赤十字病院に緊急入院した40歳代の女性がドナー〈臓器提供者〉登録をしており，脳死判定を受けて臓器摘出手術が行なわれ，ただちに心臓は大阪大学附属病院へ，肝臓は信州大学附属病院へと搬送されてそれぞれ移植手術が行なわれた）

のだろう。とくに戒名への疑問が強調され，『戒名は，自分でつける』[13]も続刊されている。人の死が絶対であり，葬儀というけじめが不可欠であることは自明の理である。さっそく葬祭業界から一条真也の『葬式は必要！』[14]が刊行された。また，アメリカでの葬儀社サービスを学んだエンバーマーの橋爪謙一郎の『お父さん，「お葬式はいらない」って言わないで』[15]も刊行され，遺族へのグリーフケアの大切さが説かれている。しかし，仏教界からの本格的な書籍の刊行はいまのところまだないようである。

　2010年のこれらの動きは，かつて日本が1950年代半ばから70年代半ばにかけて体験した高度経済成長に由来するものである。経済の変化はおよそ20年の時差をもって社会の変化や意識の変化となって表れる。1990年ごろのキーワードの一つは「個人化」であった。あれから20年経った2010年ごろ，キーワードは「無縁化」となっていた。東京都足立区で戸籍上111歳の男性老人の白骨化した遺体が見つかった事件は大きな衝撃を与えた。全国各地の自治体で戸籍上100歳以上の老人の所在確認が始められたところ，続々と不明者が出てきてしまい，

言葉を失うほどの驚きの状態であった。大阪府東大阪市は2010年8月下旬に，120歳以上の高齢者228人が戸籍上は生存していることになっているといい，その中の最高齢者は江戸時代の文久元年（1861）生まれの149歳で，住所，性別ともに不明であると発表した。

かつての農山漁村や町場など伝統的な社会では，相互扶助を基本とする「イエ（ムラ）・テラ・ハカ」の三位一体の葬儀マニュアルが存在し機能していた。しかしいま，それはない。いやそれどころではない。流通大手のイオンが「寺院紹介」で戒名や布施の金額の相場を知らせるサービスを始めたのである。ただまもなく大きな批判が起きてイオンはそのサービスをやめた。しかし，自然の流れは止められない，いつまただれかが再開するかわからないというのが現状である。こうした「葬儀の商品化」の激流の中で，日本の仏教界はどのように対応していくのか。末木文美士『近世の仏教』[16]は，内容も充実しており，たしかに仏教界にとっては心地よい著作かも知れないが，現代の眼前の問題も大事である。六道輪廻や因果応報，一切皆成などの教えを思い出しながら，全国で7万以上もある寺院，歴史的な文化財でもある寺院の歴史と伝統を思えばその未来永劫へ向けて繁栄あらんことを念じるのみである。

その2010年の秋，首都圏在住の友人の父親と叔母の葬儀があった。享年86歳の父親は音楽関係の仕事で教え子や弟子も多く200人近い参列者で，葬儀費用は400万円以上もかかった。それに対して，享年82歳の独身の叔母の場合はいわゆる直葬で，参列者は身内の3人だけで静かに見送った。費用は28万円だった。同じ家族・親族でもケースバイケース，いずれも満足できる葬儀だったという。「葬儀の商品化」が進んだこの約20年間に，消費者は確実にその商品価値を見極める力を身につけてきている。そして，つけなければならない時代ともなっているのである。

（5） 母親の死と葬送

2013年（平成25）2月16日13時40分過ぎ，私の胸ポケットの中で音消しモードの携帯電話が着信の振動をした。そのときちょうど勤務先の大学院の面接試験が始まったばかりであった。15時ごろになってようやく研究室に引き上げて着信メールを開けてみた。予感が当たっていた。母親が入院先の病院で亡くな

ったとの知らせである。享年数え年で93歳。比較的快適で本人も気に入っていた広島県山間部のケアハウスでの老後の生活であったが，正月早々の１月５日には救急車で入院するなど，もうあまり長くはないような感じがしてきていた。その前から何度かの入院のたびに広島に行ったり来たりを繰り返していた私は，広島市内に住んでいる姉と，なるべくボケがきたり下の世話をかけるようなみじめな状態にならないうちに，安楽な大往生をというような話もするようになっていた。「もうじゅうぶん長生きをさせていただいた。みんなに迷惑をかけないで逝きたい」といったかと思うと，「100歳まで生きたら，お前は定年を迎えて仕送りもむずかしくなるだろうねぇ」などともいっていた。しかし，今回の入退院は終わりが近いことを思わせた。公立御調(みつぎ)病院の医師と看護師のみなさんのおかげで，小さな尊厳のなか無事に往生を迎えることができたと思っている。頭髪から下半身まで身体の全体を病院の看護師の皆さんできれいに洗い清めていただいたことを後で聞いた。葬儀社の人も病院でそこまできれいにして遺体を送り出されたことに驚いておられた。

　東京から広島まで駆けつけるのにはやはり時間がかかった。葬儀は本人の人生の最期に見合うようにもっとも簡素に行なうこととした。お経をあげていただいたご住職にも，葬儀社の方にも火葬場の方にもたいへん親切にしていただいた。２月17日，死亡の翌日であるが，家族内の最少人数だけで葬儀から火葬と遺骨の安置までをすませた。ひじょうに簡潔で短時間の葬送であった。あらためてやや関係の深い親族が集まって法事を営み墓地の石塔への納骨を行なったのはそのあとのことで，七夕の７月７日のことであった。香典などもお断りしてそっと母親を送ったこの葬送をかんたんにすぎるという見方もありうるであろう。しかし，いまは実際にこのような葬儀が可能となってきているのである。

　1990年（平成２）６月12日に数え年77歳で亡くなった父親の葬儀のときはそうはいかなかった。1967年（昭和42）４月18日に数え年82歳で亡くなった祖父の場合にはさらに古く地域社会で伝承されていた昔風の葬儀であった。それは前著『日本人の葬儀』（紀伊國屋書店，1992年）に記しておいたとおりである。地域ごとに堅く守られてきた葬儀マニュアルがその当時はまだ強力に作用していたのである。約20年後のいま，それらが無力化してきている。葬送はいまま

さに自己選択の時代へとなってきているのである。

2　土と人間——人は死ねば土へ帰る

(1)　先祖から子孫へ

　2013年（平成25）2月に母親を送った私は、戦後の1948年（昭和23）生まれである。あと何年かのちには私も確実に土に帰る。悲しく恐ろしいことだがしかたない。その日まで元気で過ごせるように、次の世代に何か役に立つことを少しでも残せるように、一日一日を生きていくしかない。人間にとって最後の状態は土である。死と葬送の問題を考えるとき、ここで生命とそれを育む土について少し考えておくことにしよう。

　私の出身地は広島県西北部のいわゆる中山間地農村で、実家は代々続く農家であった。昭和30年代に子供から若者になった私にとっては、土はまったく身近なものであった。家の庭も裏山も、田畑も道路も、学校の校庭も、みんな土であった。よく裸足で歩いたり走ったりもした。春の田植えの季節には泥田に入り、秋の稲刈りの季節には乾田で少しは家の農作業の手伝いもした。道路はトラックやバスなどの自動車が通れば砂埃を舞い上げ、雨が降ればぬかるむような道で、県道から国道に変わってもしばらくはそんな状態であった。道路工夫といって自動車の車輪が作る轍を均すしごとをする人たちも炎天下で働いていた。舗装道路になったのは1967年（昭和42）に私が東京に出てきた後のことであった。

　明治10年代生まれの祖父の姉で、実家から山を2つ隔てた向こうの村の、前という姓の家に嫁いだタキ（1884—1972）というおばあさんから、私が小学生のころによく聞かされた話と、のちにあらためて寺の過去帳をみせてもらって確かめたところによると、私の家の先祖は文政5年（1822）3月20日に80歳くらいの高齢で亡くなった紋次（法名：釈満願）という人物を分家初代だとするということがわかった。分家だから屋号がシンヤといい、それで現在の姓が新谷となっているわけである。

　その紋次という人物が分家したのは宝暦から明和のころ1760年代のことで、本家の屋敷だと伝えられている屋敷地はいまも残っている。しかし、その本家

筋は幕末以前に早く没落してしまって現在ではまったく他の家の人がその屋敷に入って住んでいる。その初代紋次（1822年没）から，儀助（1767—1845），富蔵，頼次（1851—1930），清九郎（1886—1967），義人（1914—90）と代々続いて，山林が約22町歩に田地約1町3反歩を耕作するいわゆる「一町百姓」と呼ばれた農家であった。

　しかし，高度経済成長期（1955—73）を経る中で私たちの世代でもう農業を継ぐ者はいなくなり，分家初代から250年余り後のいま，私の生家は事実上消滅に向かっている。昭和30年代から40年代の高度経済成長が日本の社会を大きく根底から変えていき，その結果，日本の農家はいま各地でつぶれていっているのが現状である。私はいわゆる跡取り息子ではなかったので，大学進学のために1967年（昭和42）に東京に出てきた。そして，現在では柳田國男が創生した日本民俗学研究を職業とする幸運に恵まれている。そのため，いまも日本各地の農山漁村での現地調査を続けており，それぞれの現場での土の生活に対する見聞も少しばかり蓄積している。でもそれは観察者の眼にすぎない。

　東京での日々の生活では，ほとんど土に触れる機会はなくなっている。しかし，郷里に自分名義の宅地と田畑と山林とがわずかながら残されている。それは先祖から引き継いだものであり，現在の東京での私の生活にとって経済的にほとんど意味のない少しばかりの土地である。それでも，なぜか故郷に自分の土地と小宅とがあるということが精神的に安心感を与えている。子供のころに祖父や父親からいつも聞かされたのは，「お金など使ってしまえばすぐになくなる，動産は当てにはならない。当てになるのは不動産だ，土地だ」という言葉である。土地に生きる農業を生業としてきた家筋のDNAのせいなのか，ほどほどの税金を支払いながら，そのわずかばかりの土地と小宅とを，先祖伝来のものとして次の世代へと譲って行きたいとも考えている。

（2）　産土神の恵みと遺骨の埋納

　広島県の西北部は俗に安芸門徒と呼ばれる浄土真宗の門徒が卓越した地域である。そして，古くから火葬の地域であった。集落ごとにヤキバ（焼き場）と呼ばれる火葬場が山かげの地に設けられていた。1970年（昭和45）に町営の重油利用の火葬場が設営されるまでは，その集落ごとのヤキバで一晩かけて近所

の人たちの手で遺体は火葬されていた。翌朝に家族で拾骨をして家ごとに裏山に設けられている墓地に埋骨していた。自然石を利用した小型の墓石がほとんどで、家ごとに先祖代々の大型石塔が建てられるようになってその下部のカロートへの納骨が始まるのは昭和に入ってからのことであった。私の家でも前述の６代の父祖にはそれぞれ妻子があり、その遺骨が実家の裏山の墓地に埋納されている。お盆の墓参りで帰郷すると、とくには石塔の下部を開けたりはしないし、すでに骨のかたちはとどめてはいないであろうが、やはりこの家の裏山の墓地が自分の先祖代々の眠る土地であると感じる。そして、家の跡取りではない私は、そことは別に遺骨を納める自分の墓地を求めることとなり、地元の浄土真宗寺院の墓地の一画へと決めている。そこは、偶然なのだが同郷で中学・高校の同窓の先輩にあたる民俗学者、坪井洋文氏の遺骨灰の一部が眠る墓地でもある。

　ただ、一方では1990年（平成２）設立の「21世紀の血縁と葬送を考える会（現在のエンディングセンター）」（井上治代会長）や91年（同３）設立の「葬送の自由を進める会」（安田睦彦会長）などの活動もあり、最近では山野への散骨、海上への散骨などさまざまな遺体の処理方法が行なわれるようになってきている。先輩の民俗学者で生前お世話になった宮田登氏は柳田國男が眠る川崎市の春秋苑の墓地に眠っているが、その宮田氏がもっとも信頼していた教え子の民俗学者、宮本袈裟雄氏は本人の希望で羽田沖の東京湾に散骨されたという。土葬・火葬・風葬・水葬・鳥葬などなど、たとえどんな葬法であれ人間はその遺体のままであろうとも小さな骨灰になろうとも地球の大地に帰ることに変わりはない。

　昭和30年代のこと、浄土真宗の卓越した広島県西北部でも、秋の氏神様の神社の祭りと正月の初詣ではさかんであった。秋祭りには神楽がにぎやかに舞われ、正月には大晦日から元旦へと時計が変わる午前零時になると雪のしんしんと降る夜道を、氏神の八幡神社へと人びとは先を争うようにお参りしていた。1963年（昭和38）末から64年（同39）初めにかけての大豪雪は３８豪雪と呼ばれて、その記憶はいまも鮮やかである。その八幡神社の氏子の人たちはその神様がどんな神様かという気持ちとは別に、漠然と産土の神様という気持ちであった。この神様こそが氏子の私たちに生命を与えてくださり、また生命を守っ

てくださる神様なのだという気持ちが強くあった。それは，私がのちに民俗学の調査研究で訪れる日本各地の神社の氏子の人たちの場合にも共通していた気持ちであった。氏神様は特定の神格が語られる御祭神でもあると同時に，誕生の土地の神様，産土の神様として自分に生命を与えてこの世へと産み出してくださった神様であり，毎年の生命力を与えてくださる神様だという考え方である[17]。だから，明治の日露戦争や昭和のアジア太平洋戦争のときに，村の若者である出征兵士の武運長久と戦勝祈願を祈る場ともなったのが，全国各地の村や町の鎮守社や氏神様の神社であった。村人たちの考えでは，武運長久とはむかしの武士のように勇猛果敢な戦功をあげるという意味ではなく，とにかく運よく死なずに戻ってきてくれ，という意味であった。

（3） 両墓制と埋葬墓地

そうして子供のころから産土の神，氏神様の加護のもとに生まれて，田畑の耕作に専念して子供たちを育て，やがて年老いたら集落のはず

図12　埋葬墓地（1）　香川県旧三豊郡仁尾町北草木──新墓の墓上装置（1971年）。

図13　埋葬墓地（2）　京都府旧綴喜郡田辺町打田──墓参がされずに蔓草が覆っている（1973年）。

2　土と人間　33

図14　埋葬墓地（3）埼玉県新座市①——大和田地区で昭和50年代まで見られた埋葬墓地（1983年）。

図14　同上②——集落で順番に墓穴掘りの役が当番で回されており，その人たちが墓穴を掘ってくれる。

図14　同上③——共同利用の墓地だから墓穴を掘ると古い骨が出てくるが，頓着せずに近くに埋め戻す。

れの山かげのヤキバ（焼き場）で火葬に付されて，家の裏山の墓地に遺骨として埋納され，毎年のお盆の行事には近親者が墓参りをしてくれるのがふつうの人生だと思っていた私にとって，大学院の修士課程1年生のとき，1971年（昭和46）7月に香川県の旧三豊郡仁尾町北草木という集落で出合った土葬の墓地は一種のカルチャーショックであった（図12）。草の生い茂った畑のようなところに青竹の囲いが据えてあり，赤色や黄色のきれいな季節の草花が飾られていた。あたりを見わたすと，古ぼけた竹囲いに板屋根をかぶせたものや竹を円錐形に上で束ねたものなどがあり，思わずここは何ですか，と土地の人に尋ねた。するとここは墓地だとのこと，しかし墓地には石塔があるはずだと思っていた私に，その人は石塔はこことは別に集落の中のお堂の境内にある，といってそこに案内してくれた。それが近畿地方を中心として濃密な分布を見せる両墓制と呼

ばれる土葬の事例の一つであった[18]。

両墓制のような土葬の事例ではふつう生の遺体をそのまま土中に埋めてしばらくはその上に立てる木の墓標へと墓参りをするのである。土葬なので掘り起こしたら遺体はどんなに腐食しているのだろうか，1年目，2年目，それぞ

図14　埋葬墓地（3）　埼玉県新座市④──墓穴に吊るされる魔除けの鎌

れのお盆の墓参りのころにはどうなのだろうか，などと遺体の変化していくさまを想像してしまった。しかし，そんなやわな想像や感情などはすぐに吹っ飛んでしまった。両墓制の形態を伝えている近畿地方をはじめとする各地の埋葬墓地を訪れつづけているうちにわかってきたのは，両墓制の埋葬墓地というのは，もともと個々人の権利が主張できないまったくの入会的な共有共同利用の墓地だということであった（図13）。

それが古くからの慣習であり，一定区画の墓域内にその村の死者を次々と埋葬していき，個々の埋葬地点は古くなったら次々と掘り返してしまうのである。

表9　1885年(明治18)から1962年(昭和37)まで記録された墓籍簿からわかる実情
（奈良市吐山の事例）

1．石塔に記されている人物・墓籍簿から見出せる人物

	石塔基数	人名照合	割合	墓籍簿	石塔あり	割合
春明院・セノコタニ	7	2	28.6%	184	2	1.1%
ドサカ	67	50	74.6%	329	59	17.9%
ムシロデン	27	18	66.7%	142	21	14.8%
地蔵院・コフケ	56	44	78.6%	211	62	29.4%
仏法寺・ババヲ	38	15	39.5%	110	19	17.3%
田町マエ	20	10	50.0%	41	13	31.7%
田町インノウ	13	8	61.5%	58	12	20.7%
田町オクガイト	38	30	78.9%	120	36	30.0%
草尾家	10	8	80.0%			

註　とくに注目されたのは，生まれたばかりや生後1年未満の乳幼児のための石塔が多いという点。

2．5歳以下の乳幼児や子供の死亡者数とその割合

春明院墓地	期間：1889年—1945年の57年間			被埋葬死者数：155人→151人			
妊娠中	1年未満	2年未満	5年未満	7年未満	10年未満	計	割合
26人	45人	6人	9人	0人	0人	86人	約57.0%
約17.2%	約47.0%	約51.0%					

ドサカ墓地	期間：1885年—1945年の61年間			被埋葬死者数：286人→278人			
妊娠中	1年未満	2年未満	5年未満	7年未満	10年未満	計	割合
41人	44人	11人	14人	3人	2人	115人	約41.4%
約14.7%	約30.6%	約34.5%					

ムシロデン墓地	期間：1890年—1945年の56年間			被埋葬死者数：123人→122人			
妊娠中	1年未満	2年未満	5年未満	7年未満	10年未満	計	割合
24人	24人	2人	2人	1人	1人	54人	約44.3%
約19.7%	約39.3%	約41.0%					

コフケ墓地	期間：1897年—1945年の49年間			被埋葬死者数：152人→149人			
妊娠中	1年未満	2年未満	5年未満	7年未満	10年未満	計	割合
25人	26人	6人	6人	2人	2人	67人	約45.0%
約16.8%	約34.2%	約38.3%					

ババヲ墓地	期間：1886年—1945年の60年間			被埋葬死者数：88人→88人			
妊娠中	1年未満	2年未満	5年未満	7年未満	10年未満	計	割合
17人	22人	2人	0人	2人	0人	43人	約48.9%
約19.3%	約44.3%	約46.6%					

マエ墓地	期間：1886年—1945年の60年間			被埋葬死者数：40人→38人			
妊娠中	1年未満	2年未満	5年未満	7年未満	10年未満	計	割合
2人	12人	2人	4人	0人	0人	20人	約52.6%
約5.3%	約36.8%	約42.1%					

インノウ墓地	期間：1888年—1945年の58年間			被埋葬死者数：52人→52人			
妊娠中	1年未満	2年未満	5年未満	7年未満	10年未満	計	割合
8人	9人	3人	2人	1人	0人	23人	約44.2%
約15.4%	約32.7%	38.5%					

オクガイト墓地	期間：1886年—1945年の60年間			被埋葬死者数：107人→105人			
妊娠中	1年未満	2年未満	5年未満	7年未満	10年未満	計	割合
24人	15人	3人	5人	0人	0人	47人	約44.8%
約22.9%	約37.1%	40.0%					

ドノニシ墓地	期間：1886年—1945年の60年間			被埋葬死者数：100人→98人			
妊娠中	1年未満	2年未満	5年未満	7年未満	10年未満	計	割合
18人	19人	5人	5人	2人	0人	49人	50.0%
約18.4%	約37.8%	約42.9%					

それは，私の郷里に伝えられていた火葬骨の埋納とは比べ物にならないほどに，土壌の威力を見せつけられたものであった。村の共有の埋葬墓地だから，古くなった場所は掘り返されて，出てきた古い遺骨は誰のものとわかろうがわかるまいが，そんなことには頓着せずに無造作に放られたり埋められたりしていたのである（図14—1〜4）。要するに埋葬墓地とは，次々と遺体を腐敗させて土に帰すための場所なのである。死者の供養や記憶や記念のためによく石塔に戒名を書いて建てておかれるが，その後の奈良県山間部の吐山という村落での石塔調査からわかってきたのは，石塔を建てられるのは実際の死者のうちのわずか10―20％程度にすぎないということであった。それは家の代々の当主夫婦のうちでも選ばれた者だけで，それ以外は多くが未婚のまま死んだ娘や夭死した幼子のためのもので，それを哀れんだ親たちによる建立であった。ふつうに人生を送った人たちの石塔はむしろ建てないのがふつうだったのである[19]。

　そして，日本の葬式の歴史を古代・中世へとさかのぼってみてわかったことは，もともと死者の石塔，墓石というのは早い例で中世後期の戦国期，一般的には近世になってから普及してきたものにすぎないということであった。それ以前の長いあいだの墓地とは，この両墓制の埋葬墓地のようなものだったのである。つまり，両墓制の埋葬墓地とは，石塔の普及以前の埋葬墓地の景観とその実態とをよく伝えて来ていたものなのである。それは，すべての人間の遺体を個々の記憶や執着から解き放ち，自然に帰る摂理にまかせる場所だったのである[20]。先祖伝来の家屋の近くの墓地に埋葬や埋骨をされるにしても，移住先で埋葬されたり火葬されるにしても，しょせん人間は土に帰る存在であるということを，日本各地の民俗は教えてくれているのである。まさに「人間いたるところ青山あり」ということなのである。

（4）　土壌に育まれた生活

　2010年（平成22）10月，ポーランドのポズナン市にある国立アダム・ミツケヴィチ大学の民族学科が中心となってポーランド国立科学アカデミーとの共催で欧州国際民族学研究大会が開催された。それに日本の民俗学の立場から高度経済成長と生活変化についての研究発表をしてほしいと招かれたとき，見学地

として何かリクエストはないかと訊かれた私たちは，カトリック信仰のあつい ポーランドの人たちが11月1日の万聖節と2日の万霊節を前にして，さかんに 墓掃除をしているふつうの墓地の見学をしたいといった。そこで案内された郊 外の農村の墓地に着いて自動車から降りたときに驚いたのは，あのものすごい 臭いであった。それは，1948年（昭和23）に広島県西北部の中山間地農村の農 家に生まれた私にとって，あの子供のころの「田舎の香水」の記憶をよみがえ らせてくれた。まさしく牛馬の糞尿から作る堆肥の，あれの何倍かというほど の強烈な臭いであった。見学した墓地の墓掃除の様子や墓参りについて得られ た情報はそれなりに興味深いものだったが，それ以上に，あらためて臭いと悪 臭の生活史という観点が浮かび上がってきた。

　日本でも，第一に化学肥料の普及が農村からあの下肥の臭いを消していき， 第二に冷凍施設の充実が漁村からあの魚類の腐る臭いを消していき，第三に水 洗トイレの普及が便所からあの糞尿の臭いを，第四に洗濯機や洗剤やナプキン の普及が汗や垢や経血などのあの身体の臭いを，消していった生活の歴史があ った。いずれも日本では昭和30年代から40年代の約20年間の高度経済成長期を さかいに起こった変化であった。それは人びとの意識の比重が清潔へ衛生へ向 いていったという大きな変化であった。その高度経済成長期とは，西暦でいえ ば1955年（昭和30）の神武景気から73年（同48）の第一次オイルショックまで の約20年であるが，終戦が昭和20年なのでこの時期の区分は高度経済成長の前 半が昭和30年代，後半が昭和40年代として，昭和の年号による方が当時の実感 によく合致している。経済史学では正確を期して1973年の第一次オイルショッ クまでを高度経済成長期ととらえるが，民俗学では多くの人たちの生活の変遷 史に注目するので，むしろその後の長い変化の過程，そしてその地域差などに も注目することになる。

　経済企画庁の統計によれば，高度経済成長期を経た後の1995年（平成7）に は5.3％，約345万人しかいなくなった農林水産業の従事者が，高度経済成長期 以前の1950年（昭和25）には45.1％，約1610万人もいたことが知られている[21]。 高度経済成長期以前には日本人の多くが土壌と農業とを基盤として長いあいだ 生活してきていたのである。その農業の基本は食料の生産にある。私たちの食 料を供給してくれるのが農業であり，その基盤が土壌である。ではその土壌と

は何か。土壌学の専門家は土壌の役割について次のように4つに整理している[22]。

(1) 生産者として，陸上植物の生育を支え，それを起点とする食物連鎖によってすべての陸上生物を養う。
(2) 分解者として，陸上生物の遺体や排泄物などの有機的物質を分解し，元素の生物地球化学的な循環をつかさどる。
(3) 地球上の水循環の経路となって，水圏の生物や物質の循環を調節する。
(4) 大気圏との間でガス交換をして，大気組成の恒常性の維持に寄与する。

つまり，人間はもちろんのこと地球上のあらゆる生物を生かしているのがまさに土壌なのだ，ということである。そして，その貴重な土壌の生成とはおよそ2600年もかかってやっと15cmの表土ができる程度であり[23]，人間に大きな恵みをもたらす肥沃な農業土壌というのは，実は地球規模で非常に長い長い年月がかかってやっと生成されてきている貴重なものだ，と説かれている。その貴重な土壌がいま，経済効率追求を第一とする人間の誤った管理や不適切な使用によって，その再生可能な構造が危険にさらされているということが問題になってきているのである。その大きな画期があの昭和30年代から40年代の高度経済成長期であった。しかしいま，2011年（平成23）3月11日以降の福島第一原発の大事故にともなう放射能汚染の大問題が，地球規模の大気汚染・海洋汚染・土壌汚染の問題となって現代と未来の地球人を襲ってきている。柳田國男を中心として折口信夫や渋沢敬三の協力のもとで創生された日本の民俗学の視点は，欧米発信の民族学や社会学や戦後の文化人類学の視点とはやや異なる独自性をもっている。それは民俗を対象とする変遷論と伝承論とを併含する立体的な歴史科学としての特徴をもつという点である[24]。その民俗学は前述のように，大きな変化の時代に対応していくには「年久しい慣習を無視したのでは，よかれ悪しかれ多数の同胞を安んじて追随せしめることができない」[25]という視点に立つ。

（5） 土壌維持と施肥

そこで，私が子供のころに広島県西北部の中山間地農村で見聞していた農業の様子と共通するような，高度経済成長期以前の農業の実態の一部がわかる資

料があるので，紹介してみる。それは渋沢敬三が支援して出版した数多くの貴重な民俗資料の一つで，『アチック・ミューゼアム彙報』の第48集として刊行された田中梅治（1868—1940）の『粒粒辛苦・流汗一滴』[26]という本である。副題に「島根県邑智郡田所村農作覚書」とあるように，それは中国山地の農村の体験記録である。

そこに書かれているのは，土壌の地力維持のための自給肥料の大切さである。田植えや稲刈りや草取りという農作業の他に，もっとも多くの時間と労力とが割かれていたのが，さまざまな自給肥料の製作と施肥の作業であった。春の3月末には苗代作りが始まる。まず最初の仕事は苗代田への大量の苗代肥えの運び込みである。苗代肥えというのは，焼土，採り草，厩肥，麻の葉，人糞尿，それに乾鰮（ほしか）などである。明治の30年代にはその中国山地の農村にも金肥（きんぴ）（購入肥料）の乾鰮が入ってきていた。まず焼土というのは，クヨシともいい，前年から山に行って松の木の曲がりくねった用材にならないようなものや，厚く茂り過ぎた松林の間伐などをして，それらの枝葉を採って帰り，畑の土や路傍の土などを持ってきてその上に載せ，またさらに杉の葉などを載せるなどしてじっくりと焼いて作るものである。これは苗代作りにはなくてはならないものであった。採り草というのは田畑のあぜの草刈りや山の笹刈りのことで，どこの集落でも奥山に広大な山笹の刈り取り場があった。草刈り場ともいったがその多くは入会地として共同利用のかたちがとられていた。ふもとの村から奥山の草刈り場までの1里（約4km）以上もの往復はたいへんだったが，山笹は農家にとって非常に重要なものであった。『粒々辛苦・流汗一滴』にはその山笹刈りの様子が次のように書かれている。

　　春になれば暇さえあれば笹刈りをなして，なるべく多く田へ入れるようにする。隣部落の馬野原の大きな山林に笹が一面生ずるので，往古から刈り来りになっていて，12,3歳から24,5歳ころまでの男女青年が，朝と夕とに二度一里以上，しかも中央に急坂あるを，上下してさかんに行き，隣村の出羽村からも同所へ行くので，真っ盛りの時は百人以上も行く。夕方の帰りには峠の上まで上り来て一斉に休み，角力（すもう）を取るなど大騒ぎをして帰る。この事は明治15,6年ころが最もさかんであった。それが学校へ就学奨励が厳重になって14,5歳までの男女は行かぬようになり，また漸次

かかる労力のかかることが廃れ行くにつれて，今は（昭和15年＝1940年ごろ）まったく行くものがなくなり，わずか部落内の自分の山にある笹を刈り入れるくらいのことになった。　　　　　（原文はカタカナ交じり文）

　その山笹は家畜の牛が好んで食べる飼料であったが，同時に厩舎の床に敷いて牛馬の糞尿と混ざって厩肥となるものでもあった。厩舎の床には藁も敷いていた。それらが混ざってできる厩肥を厩舎から運び出して積み，それに採り草や焼土を交互に積み重ねて発酵させて作るのが堆肥であった。苗代作りが終われば，次は田植えの準備である。田の荒掻きをして，山での笹刈りなどもしながら5月20日ごろから26，7日までの間に，各家では駄屋肥負いをする。駄屋肥負いというのはオイコ（背負い子）に厩肥を入れて背負い，それを何度も何度も繰り返し田んぼに運ぶのである。これはなかなか人手と手間とがかかるもので，テマガエ（手間替え）といって近所の人たちもたがいに協力し合いながら5，6人から12，3人で運んだものであった。農家にとって自給肥料がいかに大切にされていたか，次のようにも書かれている。

　　昔はなるべく自給肥料を多く入れるという主義にて，笹草をもなるべく多く刈りて入れる。これは大きな肥桶を田の端に持ち行きて据え置き，春もっとも早く芽の出たるたづという木の芽がよい肥料になるとて，これを採りてこの桶に入れ，水を加えて腐敗せしめて，田面に施す。現代の人たちは金肥を使って，こんな労力のかかる話をすれば，馬鹿げたことに思うのであるが，昔はかくのごとくして自給肥料に力を入れたものである。
　　　　　　　　　　　　　　　　　　　　　　（原文はカタカナ交じり文）

　骨太の人生を送った篤農家として，古きよき時代を懐かしみつつ軟弱化していく新たな安直な風潮を批判している。そんな昔気質の実篤な田中翁の人間像[27]は，いまも現地の人たちのあいだで立派な人物であったと語り伝えられている。

　さて，田植えのあとも6月から9月初旬までは山での夏草刈りが続けられ，その間7月には暑い中での田の草取りの重労働が続く。とにかく，昔の農家では暇さえあれば，肥料や飼料としての草刈りと厩肥や堆肥や焼土などを作る仕事が続けられていたことが，この田中翁の『粒々辛苦・流汗一滴』の記述によってわかる。いかに肥料が大切であったか，いかに土壌を大事にしてきていた

図15 春の耕作と田植え―1．荒掻き（昭和40年代前半）

図15 同上―2．苗取り（同上）

図15 同上―3．田植え（同上）

か，ということもわかるのである。

（6） 農業の機械化と化学化・製造業の驚異的な伸び

　私が子供のころに祖父母や両親たちが営んでいた農業というのは，この田中梅治翁よりも一世代ほど次の時代である。昭和30年代だからもう高度経済成長が始まっていた。高度経済成長による農業の変化といえば，その特徴は機械化と化学化である（図15）。私の郷里の広島県旧千代田町（北広島町）の統計からみてみよう。表10が農業機械の導入状況である（44頁参照）。表11と表12とが1962年（昭和37）5月31日から6月3日にかけて行なわれたヘリコプターによる農薬のマラソン粉剤の一斉散布のときの数値表である（44・45頁参照）。それまで春から夏への夜を楽しませてくれていた蛍が，この農薬散布をさかいにまったく見られな

くなったことは今でも鮮明に覚えている。その後は、ヘリコプターによる農薬散布ではなく各農家による農薬散布が始まり、健康への被害が懸念されながらも、まもなくそれが定着していった。また、除草剤の導入は、それまでの炎天下での手押し車式の除草機での草取りという重労働から人びとを解放していったが、土壌の悪化への懸念が語られながらも、やはりそれもきびしい作業負担の軽減には換えられず、まもなく定着していった。

表13は、1978年（昭和53）ごろの旧千代田町の農家の収支を示したものである（46頁参照）。米が主な農業収入源で約15億6000万円であったのに対して、支出も約15億1000万円にのぼり、支出の半額以上の8億円が農機具関係、約2億2000万円が化学肥料と農薬であったことがわかる。その化学肥料とは、農協を通して提供される窒素・リン

図16　秋の稲刈りと収穫―1．稲刈り（昭和40年代前半）

図16　同上―2．出荷（同上）

図16　同上―3．冬の藁細工（同上）

表10 農機具の普及状況 （単位：台）

年	耕耘機・トラクター	動力防除機	田植機	バインダー	バルククーラー	コンバイン	乾燥機
1955	23						
1960	176						
1965	310						
1970	1,706		8	366		3	952
1975	1,921		711	1,333		66	1,237
1980	2,211	1,484	1,034	1,106	15		1,263
	86	65	160	90	2		19
1985	2,357	1,555	1,236	868		890	1,299
	183	20	251	84			

註 1980・85年の上段は個人所有，下段は共用を示す。

表11 航空防除農協別散布計画

農協	散布量		数量		小計	雑費	合計
	面積	料金	数量	金額			
	ha	円	袋	円	円	円	円
川戸	178.0	240,300	223	238,833	479,133	53,200	532,333
八重	826.0	1,115,100	1,035	1,108,485	2,223,585	164,400	2,387,985
壬生	313.5	423,225	393	420,903	844,128	77,000	921,128
本地	222.7	300,645	281	300,951	601,596	71,600	673,196
南方	214.0	288,900	268	287,028	575,928	52,600	628,528
本部						65,000	65,000
計	1,754.2	2,368,170	2,200	2,356,200	4,724,370	483,800	5,208,170

註1 散布料は10a当たり135円。
　2 農薬代は1kg当たり53.55円（マラソン粉剤12％，10a当たり2.5kg，1袋20kg入り1,071円）。

酸・カリのいわゆる3大要素を中心とするものであった。「機械化貧乏」などといわれたのもこのころのことである。

　高度経済成長は農業労働を軽減させていった一方で，農業収入をも減少させていった。数字的には収入は増えたが，物価の変動もあり，何よりも産業別生産所得をみればその比重がまったく低下していることがわかる。表14がその変化を示すものである（46頁参照）。この町域の生産総額が1962年には10億6500万円であったのが，1982年（昭和57）には181億3900万円と驚異的な増加をみせており，これがまさに高度経済成長かと思わせるほどである。生産所得の伸

表12　航空防除ヘリポート別散布計画

期日	ヘリポート	受持機体	散布計画面積	散布計画農薬量	ヘリコプター	
					回数	燃料
5.31	⑭河内	4	ha 76.5	袋 96	回 10	缶 9
	①丸押	5	13.7	18	13	2
	②広能	5	89.7	113	19	10
	小　計		179.9	227	42	21
6.1	⑮川東	4	122.0	153	16	14
	③千坊	5	119.3	150	25	14
	小　計		241.3	303	41	28
6.2	④有田	1	170.0	213	22	19
	⑤河本	2	110.0	138	23	13
	⑥今田	3	146.0	183	31	16
	⑯保余原	4	115.0	144	15	13
	⑰額田部	5	82.8	104	18	10
	小　計		623.8	782	109	71
6.3	⑦春木	1	150.0	188	19	17
	⑧寺原	2	140.0	175	30	16
	⑨舞綱	3	40.0	50	9	5
	⑩竜山	3	70.0	88	15	8
	⑫上川戸	4	118.0	148	15	13
	⑬下川戸	4	60.0	75	8	7
	⑱本郷	5	131.2	164	28	15
	小　計		709.2	888	124	81
	合　計		1,754.2	2,200	316	201

びは，第一次オイルショックの1973年（昭和48）で止まってはいない。その後も伸びつづけているのである。その内訳を金額と構成比とからみてみると，1962年に6億1200万円で57.5％を占めていた農業などの第1次産業は，1982年には金額は15億7800万円と大きく増加してはいるが，その構成比は大幅に減少して，わずか8.7％にすぎなくなっている。それに対して，第2次産業は8400万円から79億8600万円へと約100倍近い驚異的な増加をみせており，構成比も7.9％から44.0％へと激増している。第3次産業も3億6800万円の34.6％から85億7500万円の47.3％へと増加している。

表13　主要な農業収入と農業支出

(単位：万円)

主要な農業収入		主要な農業支出	
米	15億6000	肥　料	1億4000
野　菜	1億7000	農　薬	8000
養　鶏	3億5000	農機具	8億
酪　農	1億2000	生産資材	1億5000
タバコ	5000	飼　料	3億4000
合　計	22億5000	合　計	15億1000

註　原資料は1977年農業センサス。

表14　産業別生産所得額

年	第1次産業	第2次産業	第3次産業	合　計
1962	612百万	84百万	368百万	1,065百万
	57.5%	7.9%	34.6%	100%
1967	1,162	316	912	2,390
	48.6	13.2	38.2	100
1972	1,127	2,012	2,491	5,629
	20.0	35.7	44.3	100
1977	1,759	4,304	5,402	11,463
	15.3	37.5	47.1	100
1982	1,578	7,986	8,575	18,139
	8.7	44.0	47.3	100

註　各年上段は実数（円），下段は構成比。実数については小数第2位を四捨五入。そのため，合計があわない場合がある。

こうして第2次産業の伸びがとくに大きかったことがわかる。つまり，この旧千代田町という中山間地農村は，景観の上では農村のままなのであるが，産業構造の上からみれば昭和50年代にはもうすでに都市型社会へと変貌していたのである。

（7）有機農業という伝統力

最近，化学肥料や農薬の連続的使用による土壌養分の偏りや農地の地力減退，土壌汚染や水質汚濁や人間の健康被害などが問題視されるようになってきている。高収入を可能とする畑作経営などでは，経済的効率性のみを追求する農業の限界が指摘されてきてもいる。土壌汚染に対する土壌消毒というような対応では，やがてまた新たな複雑な障害が起こる可能性もある。そこで，高度経済成長期以前のように，作物の残渣を土に帰す，山の落葉を掻き集め下草を刈って踏み込む，馬糞や牛糞や人糞尿を利用する，などの有機農業が見直されるようになってきている。有機農業という言葉の早い例は，1971年（昭和46）の「日本有機農業研究会」だとされているが，現在では広く各地で有機農業への取り組みが始まっている。

私も郷里の広島県旧千代田町，現在は合併して北広島町となっているが，その地域での農業の法人化経営の形成過程やそれぞれの実態について少し調査したことがある[28]。そこでもやはり化学肥料の連続的使用の弊害として，窒素過多の傾向を示す水田が少なくなかったことが注目された。そこで，農業法人の多くはむかしのような有機肥料に戻そうとして，乳牛や肉牛を飼育する酪農家や畜産農家と提携協同して，し尿処理をすませた厩肥を購入し

図17　炎天下での畑の草取り　夏の炎天下の草取りはたいへんな重労働である。しかし，このハクサ（葉草）はこの時期に抜いておかないと，あとで根を張ってきて手に負えなくなる。除草剤を使えばすぐに枯れるが，それだと土が悪くなってしまう。人間の口に入れるものにはやたらと薬は使いたくないとのこと。ここには自分たちが食べるソバを植えるつもりだそうである。炎天下では日差しも暑いがドイキ（土息）もたいへん熱い。それでもやらなければならない草取りとは，土を大切に思う心に支えられている作業なのである（1997年，栃木県鹿沼市にて）。

て利用する方式を採用してきている。もちろんむかしの農業に戻すといってもそれは完全なかたちでは無理である。厩舎に敷くのはむかしのような手間ひまのかかる山笹ではなく，手に入りやすいスクモ（籾殻）や藁やオガクズなどである。何よりも高度経済成長期をさかいにして化学肥料の普及や燃料革命の進展によって，山笹刈りや材木伐採などが行なわれなくなり，里山はかつてのような人間と対話しているような里山ではなくなり，もう木々が繁るにまかせて荒れてしまって，かつては山の奥の方に住んでいた野生の猪や鹿や熊，さらには猿の群れまでもが，住宅地に出没するようになってきているのが現状である。
　それでも土を相手とする農業にとって，伝統的な自然の養分循環を利用してきた土壌管理こそが実は最も力のある方法であるということは，誰よりも農家の人たちがよく知っており，今からでも遅くはないとして，有機肥料の利用が各地で進められている。

(8)　民俗伝承の3波展開

　民俗の伝承とその力に関してこれまで私が提唱しているのは，近現代の日本社会における民俗伝承の3つの波，という仮説である[29]。それは，α波（伝統波），β波（創生波），γ波（大衆波）という3つである。α波とは近世以来，明治・大正期の近代化が進む日本社会においても伝承されてきていた民俗の波である。β波とは，明治の文明開化からその後の大正・昭和戦前期へかけての近代化のなかで，欧米文化の導入模倣として新しく華族層や新興のブルジョア層をその担い手として創造された都市文化であり上流階級の生活文化の波である。そのβ波の生活文化は，衣食住や冠婚葬祭や民俗芸能をはじめ，旧来のα波の生活文化とは大きく異なる新しい先進的な生活文化であった。α波とβ波の決定的なちがいは，α波が人力や畜力，風力や水力などの利用による伝統的な自然利用の自給的な生産経済を基盤とする生活文化であるのに対して，β波が近代産業革命を決定的な画期として生れた機械力による商品生産とその大規模流通を実現した産業資本的な生産経済をその基盤とする生活文化である，という点である。

　それに対して，γ波というのは，戦後の昭和30年代，40年代の高度経済成長期を画期として展開してきた新しい大衆生活文化の潮流のことである。それは前述の明治・大正期から昭和戦前期までの近代都市ブルジョワ社会が創造してきたβ波が基本となって，そこから模倣的に創造され広く一般大衆化した新しい生活文化の波である。衣食住から冠婚葬祭をはじめ，経済的な伝承や社会的な伝承も含めて，すべての民俗伝承がγ波の時代へと展開したその画期が，昭和30年代から40年代の高度経済成長期であったわけである。

　具体例をあげてみるならば，次のような変化である。人間の誕生と死亡をめぐる民俗が多くの禁忌に包まれながら妊産婦の母親やトリアゲバアサンの技能によって担われていた状態から，近代衛生観念にもとづいて産婦人科病院の医師や看護師の技能による医療の対象となったこと，つまり「出産の医療化」という変化である。同様に，家族による死の看取りから遺体看護また近隣の相互扶助による葬儀と埋葬や野焼きの火葬という方式から，病院での死，そして葬祭業者による葬儀，公営火葬場での重油炉やガス炉での火葬という変化であり，

いわゆる「死と葬儀の商品化」である。農業や漁業の機械化なども同様の変化であり，高度経済成長期を経るなかで民俗伝承の γ 波の時代が到来したのである。そして，α 波と β 波の並存併走の時代は終わり，β 波が γ 波へと吸収され，α 波はその伝承生命を終えようとしているのである。

しかし，はたして伝統波たる α 波は消滅してしまうのであろうか。いや，そんなことはない。最近では結婚も葬儀も，身近な者たちだけの食事会を中心とする結婚披露や静かに故人をしのぶ家族葬へと回帰する動きがある。農業でも自然と交流して楽しみながら経営をも成り立たせていけるような農業へと回帰する動きがある。里山の燃料資源を循環的に利用しようという動きもある。土壌の成り立ちを経験の積み重ねの中に知り，深い感謝の思いとともにその恩恵を維持する努力を重ねて来ていた先祖たちの知識と技能のその長い伝統の中に支えられてきた智恵に，私たちはいまこそ学ぶ必要があるであろう。その智恵は年季が入っているだけに貴重であり，時代ごとにそれぞれ形と道具立てとを変えながらも，世代を継いで伝えられていく力を宿している。

かつてモータリゼーションの到来とともに交通渋滞が大問題となったころ，「せまい日本，そんなに急いでどこへ行く」というキャッチコピーが流行ったことがある。私たちの人生も，80歳以上の長寿を授けられたとしても約3万日しかない人生である。1日1000円ずつ貯めても使っても，たった3000万円である。超高速情報化の現在，「短い人生，そんなに稼いで何にする」である。たしかに昔から「地獄の沙汰もカネ次第」などともいったが，それはさもしい根性を嘲笑する言葉であった。やはり，あの世にお金は持っていけない。私たち人間はこの大地に生まれた以上，土葬，火葬，また納骨や散骨などどんな葬法を選ぼうとも，結局は約2600年かけて15cmほどしか創られてこなかったような地球の表土のうちの何兆分の1，いや何京分の1，いやいやそれ以上の天文学的な分母の1に帰るしかないのである。村や町の鎮守や氏神のかたちでまつられているのは，もともと産土の神様として敬われていた神様である。それは土から生まれて土に帰る私たち動植物に与えられている生命力そのものなのである。土の恩恵を自分の身体になぞらえて考え直すことで，大地つまり地球への感謝と報恩の人生を考えることができるのではないか。いま日本の各地で進められつつある経済効率と環境保全とを併せ考えようとする有機農法への取り組

みは，民俗のα波（伝統波）の展開でありその現代版リニューアルでもある。それは伝統の智恵を生かす営みの一つなのである。

註
（1）　毎日新聞2013年11月15日版。
（2）　新谷尚紀『日本人の葬儀』（紀伊國屋書店，1992年）の204―205頁参照。京都の鹿苑寺所蔵の足利義満の肖像画や禅宗寺院の禅僧の頂相などが参考になる。
（3）　赤松俊秀監修『泉涌寺史　本文篇』（法藏館，1984年）。以下の記述の基本的な参考文献がこの『泉涌寺史』である。
（4）　『兼輝公記』関白一条兼輝の日記、延宝7年（1679）―元禄12年（1699）の日次記および、延宝6年（1678）「東福門院諒闇記」、同8年（1680）「後水尾院諒闇記」などを収める。東京大学史料編纂所に写本32冊所蔵。
（5）　『泉涌寺史』前掲註（3）。
（6）　『孝明天皇紀』第5巻（平安神宮，1969年）。
（7）　『言成卿記』（山科言成の日記）天保元年（1830）―明治3年（1870）（宮内庁書陵部蔵）。
（8）　『明治天皇紀』第12巻（吉川弘文館，1975年）。
（9）　柳田國男『先祖の話』（自序）（筑摩書房，1946年〈『定本柳田國男集（新装版）』第10巻，筑摩書房，1969年〉）。
（10）　被災者の遺体の葬送については、鈴木岩弓「東日本大震災時の土葬選択にみる死者観念」（座小田豊・尾崎彰宏『今を生きる―東日本大震災から明日へ！　復興と再生への提言―』東北大学出版会，2012年）、同「東日本大震災による被災者の慰霊施設―南相馬市から仙台市―」（村上興匡・西村明『慰霊の系譜―死者を記憶する共同体―』森話社，2013年）、菅原裕典『東日本大震災「葬送の記」』（PHP研究所，2013年）などがある。
（11）　島田裕巳『葬儀は，要らない』（幻冬新書，2010年）。
（12）　井上治代『現代お墓事情』（創元社，1990年）。
（13）　島田裕巳『戒名は，自分でつける』（幻冬新書，2010年）。
（14）　一条真也『葬式は必要！』（双葉新書，2010年）。
（15）　橋爪謙一郎『お父さん、「お葬式はいらない」って言わないで』（小学館新書，2010年）。
（16）　末木文美士『近世の仏教』（吉川弘文館，2010年）。
（17）　関沢まゆみ『宮座と老人の民俗』（吉川弘文館，2000年）、同『隠居と定年』（臨川書店，2003年）、また室町中期（1445年もしくは46年）成立の辞典『塵嚢鈔』巻13には、「本居事　ウブスナト云ハ何事ソ。当時ハ所生ノ所神ヲ云歟、或ハ本居ト書或ハ産生ト書キ、又字夫須那共書也」とある。

(18) 新谷尚紀『両墓制と他界観』(吉川弘文館,1991年)。
(19) 新谷尚紀「石塔と墓籍簿―実際の死者と記録される死者:両墓制・単墓制の概念を超えて―」(『国立歴史民俗博物館研究報告』第141集,2008年)。
(20) 新谷尚紀『生と死の民俗史』(木耳社,1986年),同『お葬式―死と慰霊の日本史―』(吉川弘文館,2009年)。
(21) 暉峻衆三「高度経済成長と農業・農家・農村」(『ワークショップ1「高度経済成長期の都市と農村」報告・討論記録集』国立歴史民俗博物館,2007年)。
(22) 久馬一剛『土とは何だろうか?』(京都大学学術出版会,2005年)。
(23) 若月利之「土と海と人と」(『化学と生物』第23巻,日本農芸化学会,1985年,408―414頁)。
(24) 新谷尚紀『民俗学とは何か―柳田・折口・渋沢に学び直す―』(吉川弘文館,2011年)。
(25) 前掲註(9)柳田國男『先祖の話』(自序)。
(26) 田中梅治『粒粒辛苦・流汗一滴』(『アチック・ミューゼアム彙報』第48集,1941年)。
(27) 『宮本常一著作集10 忘れられた日本人』(未来社,1971年)208―209頁参照。
(28) 新谷尚紀「高度経済成長と農業の変化」(『国立歴史民俗博物館研究報告』第171集,2011年)。
(29) 新谷尚紀「儀礼の近代」(『都市の暮らしの民俗学』吉川弘文館,2006年)。

第2章　葬送の民俗変遷史
　　　——血縁・地縁・無縁

1　日本民俗学は伝承分析学 Traditionology である

（1）　民俗学の葬送習俗研究

　葬送墓制に関する研究は日本民俗学が古くから取り組んできたものであり，先人たちの多くの研究蓄積がある。その先がけとなったのは柳田國男「葬制の沿革について」[1]であった。そして戦後の昭和30年代には柳田門下の井之口章次『仏教以前』[2]や最上孝敬『詣り墓』[3]などが刊行されてその後の研究に大いに刺激を与えた。そして，1979年（昭和54）には『葬送墓制研究集成』全5巻（第1巻「葬法」，第2巻「葬送儀礼」，第3巻「先祖供養」，第4巻「墓の習俗」，第5巻「墓の歴史」）[4]が刊行されて，当時の民俗学の研究水準が示された[5]。しかし，その1980年（昭和55）当時というのは，逆にそれまで伝統的であった葬儀や墓制に大きな変化が日本各地で列島規模で起こってきていた時期でもあった。家での死から病院での死へ，近隣の相互扶助による葬儀から葬祭業者の手による葬儀へ，土葬から火葬へ，葬送の自由の問題化へ，家ごとの墓地から大規模集合墓地へ，などのめまぐるしい変化が各地で起こってきていたのである。
　そこで，そのような列島各地での具体的な変化の実態調査の必要性への認識の高まりの中で，民俗学の立場からのアプローチとしては，たとえば1997年（平成9）度（東日本）と98年（同10）度（西日本）の2年度にわたって国立歴史民俗博物館資料調査「死・葬送・墓制の変容についての資料調査」が行なわれて，全国60地区の1960年代の葬儀と90年代の葬儀のそれぞれの具体例に関する比較情報の調査蒐集などがなされた。そしてその成果が『国立歴史民俗博物館資料調査報告書9・10　死・葬送・墓制資料集成』[6]として，また『葬儀と墓の現在——民俗の変容——』[7]として刊行されている。個別の事例研究も葬儀の

変容をめぐる問題に関心が集中する傾向がみられた(8)。そして現在の状況としては，日本各地の個別事例調査研究の成果の蒐集と整理による比較の視点での共同研究によって日本民俗学のめざす列島規模の立体的な生活文化変遷論へと結実していくことが期待されているのが現状である(9)。

　そうした認識の上で，ここで注目してみたいのは，第1に，年代的にラストチャンスと思われる1960年代までの葬儀の民俗の情報の整理，そして時代的に現在ならまだ可能であろうそれら旧来の葬儀の民俗が発信していた情報を読み取ることである。それは，昭和30年代（1955—64）から40年代（1965—74）の高度経済成長(10)の大きな影響をうける以前まで伝えられていたそれまでの伝統的な葬送の民俗の情報について1990年代に筆者が行なって得られている民俗調査の事例情報の再確認の作業を通して試みるものである。そこには，たとえば葬送の担い手の中心が「血縁」から「地縁」へと変化してきたという歴史的な変遷の跡を追跡することができるような情報群が存在している。第2には，その1990年代の民俗調査の時点からその後さらに大きく変貌してきている2010年代の現在の葬儀の変化の現況の実態確認である。その大きな眼前の変化を追う中で注目されてきているのが，葬儀の担い手の中心が「地縁」から「無縁」へと移行しているという変化である。この葬送儀礼をめぐる，血縁・地縁・無縁という3者分類を筆者が提示したのは1980年代の民俗調査とその分析の時点であったが(11)，あらためてその有効性についての再確認の作業を行なっておくことにしたい。

（2）　民俗学とは何か——folklore ではなく，traditionology である

　本書は日本民俗学の視点と方法によるアプローチであるが，その日本民俗学という学問について，現今の学術世界において，また一般社会においても正しく理解されていないという懸念がある。それは，第1には，柳田國男が折口信夫の理解と協力を得ながら創生した日本の民俗学が十分には理解されずに，その基本的な視点と方法であった方言周圏論や重出立証法などといわれる比較研究法が戦後の大学教育の中で誤解の中に全否定されていった歴史をもっているからである(12)。第2には，民俗学を安易にフォークロア folklore と名乗りまたそのように理解するという傾向があるからである。周知のようにフォークロ

ア folklore という学術分野はすでに西欧中心の学術ヘゲモニーの中では国際的にも存在せず，その分野のドクターもプロフェッサーも存在しない。それは視点と方法論の両者ともにその学術的な独創性，独自性がフォークロア folklore には存在していないからである。社会学 sociology や文化人類学 cultural anthropology という学問分野はもちろん国際的に存在する。そして，日本の民俗学はそれらに隣接しながらもそれらとは異なる学問である。フォークロア folklore と名乗るべきではない独創的な学問であるという点について，以下，簡潔な説明を行なっておくことにする。

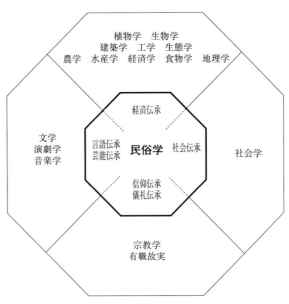

図18　民俗学の研究分野と関連諸学

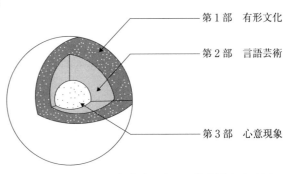

図19　柳田國男の民間伝承（民俗）の3部分類（3層分類）

　柳田國男が折口信夫の理解と協力を得て創生したのが日本の民俗学である。それはフォークロアやフォルクスクンデの翻訳学問などではなく，もちろん文化人類学の一分野でもない。それは日本民俗学の創生史を追跡してみれば明らかである。文化人類学のアンチテーゼが西洋哲学であるのに対して，柳田の創始した日本民俗学のアンチテーゼは文献史学である。それは東京帝国大学を窓口として輸入された近代西欧科学の中には存在しない日本創生の学問である。

だから官の学問ではなく野の学問だといわれるのである。それだけに，近代科学の中では理解されにくく誤解に満ちているのが現状である。しかし，文献記録からだけでは明らかにならない膨大な歴史事実が存在する，その解明のためには民俗伝承を有力な歴史情報として蒐集調査し分析する必要があるという柳田の主張は独創的であった[13]。その柳田はイギリスの社会人類学やフランスの社会学に学びながら日本近世の本居宣長たちの学問をも参考にして，フランス語のトラディシオン・ポピュレール tradition populaire を民間伝承と翻訳して，みずからの学問を「民間伝承の学」と称した。折口信夫はそれを民間伝承学と呼んでいる[14]。それを継承する私たちの研究姿勢をいまあらためて名乗るなら，tradition populaire から一歩進んで，traditionologie culuturelle 伝承文化分析学，英語では cultural traditionology というべき学問である。より簡潔に学際的かつ国際的に名乗るならば，traditionology トラディショノロジー 伝承分析学という名の学問である。つまり，tradition 伝承文化を研究する学問である。このフランス語の traditionologie も英語の traditionology もかつて一度使われようとした語ではあったが，西欧近代科学の中では学問として創生されることはなかった[15]。それを学問として完成させていったのが柳田であり折口だったのである。

　日本民俗学（伝承分析学 traditionology）の特徴は，文献記録を中心とする歴史学の成果はもとより考古学の成果にも学びつつそれらの研究現場にも学際的に参加しながら，みずからの研究対象分野としての民俗伝承を中心として，伝承的な歴史事象を通史的に総合的に研究することをめざす点にある。その伝承分析学（日本民俗学）は「変遷論」と「伝承論」という２つの側面をもつのが特徴であり，基本的な方法は比較研究法である。日本各地の民俗伝承を歴史情報として読み解こうとする比較研究法である。変遷論の視点から明らかにしようとするのは，地域差や階層差などを含めた立体的な生活文化変遷史である。たとえば柳田は小児の命名力に注目しながらデンデンムシの名前にはカタツムリよりも前の呼称がありそれはナメクジであったことを明らかにしている。そのような方言の伝播の問題，結婚習俗の変遷，墓と葬儀の歴史，盆行事の列島規模での変遷[16]などその他の研究例も，柳田や折口に学びながらそれを再構築しようとする現在の民俗学はすこしずつ蓄積してきている[17]。

また，伝承論の視点から明らかにしようとするのは，長い歴史の変化の中にも伝えられている変わりにくい仕組み，伝承を支えているメカニズムであり，それを表す分析概念の抽出である。ハレとケ，依り代，まれびと，などが柳田や折口の抽出した分析概念であるが，その後は，たとえば，ケガレからカミへ[18]などといったメカニズムやそれを表す分析概念も提示してきている。このような伝承分析学（日本民俗学）の観点から本書は小さな作業の結果を提示してみるものである。

（3）　柳田國男『先祖の話』の誤読と理解

　柳田國男の比較研究法を主軸とする日本民俗学，民間伝承学，伝承分析学を理解できずに誤解して否定していった人たちの多くは『先祖の話』も大きく誤読し誤解している。その誤読の最たるものは，一つには，この本が戦場に向かう若い学徒や兵士たちをめぐる戦死者祭祀の問題を主題としたものであるという誤読である。そしてもう一つが，この本が戦争遂行のイデオロギーを民俗学的に説明しようとしたものであるという誤読である。直接，原著をよく読まずにつまみ食い的な読み方をして柳田を論評する風潮は困りものである。それらの鵜呑みによる誤読の伝言ゲームもまた困りものである。しかし，読者一人ひとりが原著をよく読みさえすれば柳田への誤読や誤解は防ぐことができる。かんたんなことである。この『先祖の話』の執筆動機とは何か，それは「自序」で明言されているとおりである。すなおに読めば誤読の可能性などはないはずである。ここに重要な部分を紹介しておく。

⑴　「家の問題は自分の見るところ，死後の計画と関連し，また霊魂の観念とも深い交渉をもっていて，国ごとにそれぞれ常識の歴史がある。理論はこれから何とでも立てられるか知らぬが，民族の年久しい慣習を無視したのでは，よかれ悪しかれ多数の同胞を安んじて追随せしめることができない。家はどうなるか，どうなって行くべきであるか。もしくは少なくとも現在において，どうなるのがこの人たちの心の願いであるか。それを決するためにも，まず若干のじじつを知っていなくてはならない」。

⑵　「常識の世界には記録の証拠などはないから，たちまちにして大きな忘却が始まり，以前はどうだったかを知る途が絶えていくのである。もとより，

以前とても次々の変化はあった。人の行為と信仰とは時と共に改まっている。どこをつかまえて以前の状態というのかと思う者もあるか知らぬが，ともかくも，変わらぬ前の姿を尋ね出すことが，今ならばできるのである。これには幸いにして都鄙・遠近のこまごまとした差などが，各地の生活相の新旧を段階づけている。その多くの事実の観察と比較とによって，もし伝わってさえいてくれるならば，大体に変化の道程を跡付け得られるのである」。

(3) 「これにもいくつかのまじめな動機があったのである。第一に，私は世のいわゆる先覚指導者に，これらの事実を留意させ，また討究せしめるに先だって，先ず多数少壮の読書子の，今までに世の習いに引かれて知識が一方に偏し，ついぞこういう題目に触れなかった人たちに，新たな興味が持たせたいのである。第二には，私の集めてみようとする資料は，白状すれば実はまだはなはだ乏しいのであった。多くの世人がほんの皮一重の裡に持って，忘れようとしている子供の頃の記憶は，このわずかな機縁に由っていくらでも喚び醒まされ，一種楽しい感慨をもってこういう文章を読み得るのみでなく，さらに一歩を進めては，その思い出したものをもって，筆者に告げ教えることさえできるかと思うのである」。

(4) 「私は年をとり力やや衰え，志はあっても事業がそれに追いつかず，おまけにこの時代の急転に面して，用意のまだはなはだ不足だったという弱点を暴露した。ゆえにこの本のねうちなども，そう大したものとは思わない。今はひたすらにこれから世に立つ新鋭の間から，若干の理解と共鳴とを期するばかりである」。

この(1)から(4)の文章が告げていることは明らかである。柳田がその生涯をかけて創生した民間伝承学としての民俗学の視点と方法とを理解して，その後継の人たちが一人でも多く育ってもらいたいという念願である。そして，次の(5)の文章こそ，柳田の創出した民間伝承学という学問の存在意義が何であるかが力説されているものである。

(5) 「人に自ら考えさせ，自ら判断させようとしなかった教育が，大きな禍根であることは，もう認めている人も多かろう。しかし国民をそれぞれに賢明ならしめる道は，学問より他にないということまでは，考えていない者が政治家の中には多い。自分はそれを主張しようとするのである。長い歴史を振り返

ってみても，人に，現代のように予言力が乏しい時代はなかった。その不幸は戦後にもなお続くものと思えられる。少しなりともこの力を回復するためには，学者もまた頗る刻苦しなければならぬのはもちろんである」。

　国民と社会を不幸にしてしまうまちがった政治が行なわれないようにするためには国民一人ひとりが学問をして賢明なる判断ができるようにしなければならない。そのためには自分たちの先祖から現在までの生活の歴史と変遷を知ろうとするこの民間伝承学をはじめとするさまざまな学問こそが重要であるというのである。柳田の世界ははるかの高みにある崇高なものと思うが，あとに続く者の中の一人として，その民間伝承学の視点と方法である「幸いにして都鄙・遠近のこまごまとした差などが，各地の生活相の新旧を段階づけている。その多くの事実の観察と比較とによって，もし伝わってさえいてくれるならば，大体に変化の道程を跡付け得られるのである」という柳田の教示を大切にしたい。そしてそれを受けて，自分なりにその作業に取り組んでみたい。そう思ってまとめてみたのが本書である。そして，できることならば，この柳田の学問の視点と方法と意義とをさらに磨き発展させていくこれからの若い世代の研究者へと確かに伝えておくことができればありがたいと考えている。

（4）　葬式と講中の世話

　1995年（平成7）6月6日，山口県旧豊浦郡豊北町角島（現在は下関市），日本海の響灘に浮かぶ半農半漁の島で，西田雪雄氏が満86歳で亡くなった。1909年（明治42）生まれで，若いころは相撲が強く各地の大会でも名をはせたものだった。長男は養子に出て堅実な教師となり最近校長で定年を迎え，次男が家業を継いで農業と漁業をいまも営んでいる。ここでの記述は調査を行なった1995年時点でのものである。

　6月6日，家族の見守るなか，早朝5時15分に息を引き取った。本土からの医者がちょうど島の診療所に詰めていた日だったので臨終まで診てもらうことができた。角島は浄土真宗の寺が3ヵ寺あり全戸がその門徒のためか，枕飯や魔除けの刃物など他の地域で一般的にみられる習俗がみられない。しかし，モージャ（亡者）を北枕に寝かせ枕元にローソク1本と線香1本を立てておくことや，湯灌のときに盥へ先に水を入れておいてあとから湯を加えるやり方で湯

加減をして子供たちがモージャの身体を洗うなどのことは行なわれていた。葬式の日には友引を避けるというのも同じである。しかし，葬儀の変化，簡略化も確実に起こってきている。湯灌はいまでは盥は使わずモージャ（亡者）を裸にして全身をタオルで拭くだけになっている。また，湯灌はむかしは死亡のあくる日に行なうもので，そのあとで納棺をして仏壇の前に安置しておいたものであった。

　しかし，今回の西田雪雄氏の葬儀では死亡当日の夕方に早くも湯灌と納棺をすませており，夏という季節柄ドライアイス2個を添えておいた。かつて，湯灌と納棺とが死亡の翌日であったというのにはそれなりの理由があった。それは棺の用意をするのが近隣の家々で構成されている講の役目であり，講は必ず死亡の当日ではなく翌日に集まる決まりがあったからである。角島では死亡当日の掃除や片づけや食べごとの用意などは，みんな家族で行なうのが決まりである。死後すぐにやって来て葬式の手伝いをするのは死者の子供たちであり，子供が少なく手合いが足りないようなときには兄弟姉妹も手伝う。その食べごとでは，ワカメを切ったり，団子も作る。葬式に団子はつきものである。お通夜の料理も家族の女性たちが作る。隣近所や講が寄ってきてくれるのは翌日になってからである。西田家の場合，隣近所の5軒は夫婦2人で来てくれた。講は部落と自治会とも事実上重なっており，その構成戸23軒の家が1人ずつ出て手伝ってくれた。

　角島は島の中央のくびれた部分をさかいに東北は元山，西南は尾山という。元山は里と中村に分かれており，1区が里，2区が中村，3区が尾山と，計3区からなっている。それを古くからサンクロ（三畔）と言い慣わしてきている。西田雪雄家は2区の中村の野崎という部落（自治会）に属しており，その構成戸の23戸がそのまま講を構成して葬儀の手伝いをしてきている。こののち2000年（平成12）に角島大橋が架橋されて本土とつながる前の1995年の調査当時は，角島の戸数は323戸であった。

　その1990年代にもすでに，葬儀における講や隣近所の手伝いの部分が葬儀社の進出によって確実に減少してきていた。棺をはじめ葬具の大部分は葬儀社がセットで用意するようになり，古いしきたりが失われ新しい作法も生まれてきている。たとえば，納棺に際して最近では生花を入れるようになったが，むか

しはそんなことはしなかった。むかしは棺の用意も大変で，角島では棺の材料の杉の三分板が手に入らないので，死者が出たら本土の特牛港から船で運んで来なければならなかった。しかし，そのときシケ（時化）で船が出せないような場合には困るので，あらかじめ死者を出した家では次の死者のために葬儀の責任者である講長の家に杉の三分板を預けておくという決まりがあった。しかし，それもいまではもう昔語りになっている。火葬も，むかしは講が世話をして部落の各戸が割り木を一把ずつ出して焼いていた。ただし藁は喪家が出すものであった。それがいまでは火葬場でバーナーで焼くようになり，各戸が割り木を出すことはなくなった。形見分けもむかしは着物を分けるものだったが，最近では年金の貯えなどの中からお金や他の何かを買って分けている。

　この角島に限らず，こうした葬儀の変化は1990年代の日本各地で起こってきていたのだが，そうした中で注意しておきたいと考えたのは，それまで地域ごとに伝承されてきていた伝統的な葬送の儀礼や作業の中のそれぞれ特徴ある伝承とその意味についてであった。たとえば，葬儀の手伝いについてもこの角島では死亡当日は家族と親族だけで行ない，隣近所や講は必ず翌日から参加するという決まりがある。そのような葬送儀礼の執行の上での，血縁（家族・親族），地縁（村落社会），無縁（僧などの宗教者・葬祭業者）の3者の作業分担をめぐる地域差が日本各地で存在することに，筆者のこれまでのわずかな民俗調査体験の中からも注意する必要があると考えてきていた。柳田國男が説いたように地域差によく注意しながら民俗伝承の意味を考えるということの重要性と必要性，そしてその有効性は，筆者にとって修士論文や博士論文になる両墓制の問題，とくにその分布の問題などに取り組んできた自分の調査体験からも確信されていた。

　（5）　喪主がみずから墓穴を掘る

　そうした中でとくに注目されたのが，古い報告ではあったが次のような記事であった。1939年（昭和14），鈴木棠三が『ひだびと』第7巻第9・10号に発表した「陸中安家村聞き書き」にある記事である。「墓は，喪主が葬礼の前に必ず現場に行き，墓所に白紙をおき，五竜の位置をきめ，二鍬ばかり掘る。これをヤシキトリといっている」，という記事である。喪主が墓穴をみずから掘

るというのである。一般に，葬儀は村落内の組とか講などと呼ばれる近隣組織が中心となって執行されるもので，地域社会の相互扶助の慣行がもっともよく表されている民俗事象であると民俗学では理解されてきた[19]。実際，死者が出るとすぐに隣近所に知らせ，そこからすぐに近隣組や講中の家々に知らされて，その近隣集団が葬儀の執行を中心的に行なってきた例が多い。そして，喪家の家族や親族は葬儀には口出しはできぬもの，組や講の世話になるもの，とされてきた。そして，それが日本の伝統的な葬儀執行の基本的形式であると考えられてきた。しかし，この鈴木棠三の報告した陸中安家村の事例はそうした理解に真っ向から疑問を提示する内容を含むものであった。

（6） 比較研究の視点の重要性と必要性

なぜ，この重要な報告がその後の日本の民俗学研究の展開へと結びつかなかったのか。柳田國男が力説していた比較研究の視点が，戦後の日本民俗学の歴史の中でしっかりと実践に活かされてこなかったことが悔やまれる。柳田のいう民間伝承の学がその特徴とするのは重出立証法という視点と方法であり，それこそが文献史学の単独立証法と明確に対比されるものである。日本各地の民俗伝承というのは個別事例の調査研究だけではその意味を明らかにできない，いくら精密であっても一つのケーススタディだけではその民俗伝承の発信している歴史情報を十分には解読することはできない，だからこそ民俗伝承の資料価値を高めるためには日本各地のなるべく多くの事例を調査蒐集してそれを持ち寄りあい相互に比較しあうことによってそれぞれの個別情報が発信している歴史情報を立体的に読み取ることができるのだ，というのが柳田の主張であり，重出立証法という視点と方法の提唱だったのである[20]。

そこで，葬送の作業分担をめぐる死者との関係の上での，「血縁（家族・親族）・地縁（村落社会）・無縁（僧などの宗教者・葬祭業者）」という3者の関与のあり方について，地縁的関係者が中心という1960年代までの日本各地でもっとも一般的であった事例から，血縁的関係者の関与が中心だという従来あまり注意されてこなかった事例まで，その両極端の事例が存在するという一定の幅のなかで，その中間的な事例も視野に入れながら，たとえばここに筆者の調査事例の中から4つの事例を選んで紹介してみることとする。

第1は，地縁中心の広島県山県郡北広島町域（旧千代田町域）の事例である。アタリと呼ばれる隣近所の数戸と講中と呼ばれる近隣集団の十数戸から二十数戸が葬儀の中心的な作業を執行して，死亡当日の最初から葬送の最後まで家族や親族は一切手出しせずに死者に付き添うだけという事例である。

　第2は，地縁中心ではあるが死亡当日だけは家族や親族などの血縁者が葬儀の準備をするという先に紹介した山口県旧豊浦郡（現在は下関市）豊北町角島の事例である。死亡当日の第1日目だけは葬儀の準備をすべて家族と親族とで行ない，2日目から隣近所の数戸と講中と呼ばれる近隣集団の二十数戸とが葬儀の中心的な役割を分担するというものである。

　第3は，同じく地縁中心ではあるが遺体を扱う土葬のころの墓穴掘りや埋葬，また火葬になってからもその火葬だけは必ず家族や親族など血縁的関係者が行なうという新潟県中魚沼郡津南町赤沢の事例である。ヤゴモリと呼ばれる近隣集団が葬儀を執行してくれるが，埋葬や火葬だけは死者の子供が中心となって行なうという事例である。

　第4は，葬儀は血縁的関係者が中心となって執行するものと決まっているという，先に鈴木棠三が記していた岩手県下閉伊郡岩泉町域の事例である。食事の準備から野辺送りまで葬儀の作業の主要な部分はすべて家族，親族が担当して，近隣集団には補助的な役割だけを頼むという事例である。

　これらの事例のうち，たとえば新潟県中魚沼郡津南町赤沢では，土葬，火葬いずれの場合でも棺担ぎや穴掘り，そして埋葬や火葬を行なう中心人物はむかしから子供や甥や姪など家族や親族に決まっているといい，岩手県下閉伊郡岩泉町の安家や岩泉でも，食事の準備，野辺送り，埋葬など，葬儀の主要な部分は身内がやらないで誰に頼めようか，とさえいっていた。葬儀は組や講などの近隣集団が中心になって行なうものと考えてきた人たちからすれば驚くような話である。しかし，高度経済成長期以降の大きな葬送習俗の変化の中でこのような葬送習俗の地域差は曖昧化されていくこととなった。葬祭業者の担当部分が増加していったからである。しかし，逆にそのような葬儀の変化が加速していっていた時期の1990年代の民俗調査によって聞き取ることができたのが1960年代までそれぞれの地域社会で伝統的であった葬送習俗のあり方であった。そしてその中では，葬儀は家族と親族が中心となって執行すべきものだという地

域が日本各地で少なくないことがわかってきていたのである。

以下，1990年代の民俗調査であればこそ得られた情報であり，2010年代の現在の調査ではなかなか具体的に追跡できなくなっている情報でもあるので，歴史的な意味からも，また学史的な意味からも世代的にその意味が大であることを提案しながら，ここに提示しておくこととする。

2　伝統的な葬儀とその担い手──1990年代の調査情報から

ここでは以下1990年代の筆者の民俗調査による4つの事例情報をまず紹介しておく。

（1）　死亡直後からすべて隣近所が行ない，
###　　　家族や親族はいっさい口出しできない葬式
──事例Ⅰ　広島県山県郡旧千代田町（現北広島町）の安芸門徒の講中

①　葬儀と寺

これは1990年代前半の93年（平成5）から94年（同6），95年（同7）にかけての民俗調査による情報である。寺と住職の役割について旧千代田町本地地区の浄土真宗西本願寺派の専教寺の例でみてみる。この旧千代田町本地というのは中国山地の脊梁部に位置している標高約270mの高原盆地に古くから開けた典型的な中山間地農村である。その地名がみえる古い記録は『倭名類聚抄』（931─938年ごろ成立）で，安芸国山県郡の中の郷の名前に品治（本地）の名がみえる。この本地地区の葬儀では門徒や化境（けきょう）の家で死者が出るとまずは寺へ知らせがくる。かつてはその知らせの役目に当たった人が寺に来て知らせたが，今では電話で知らせが寺に入るようになっている。化境というのは安芸門徒の間でみられる独特の組織であり，それぞれの寺の地元の家々のことをいう。講中と呼ばれるものと同じである。それぞれの寺の門徒は地元にかぎらず広く各地に広がっていて地域ごとにまとまっていないため，地縁的な地元の講中の家々のまとまりが家々からいえば講中であり，寺からいえば化境であるということになっている。この化境の成立の歴史については，あとで3．（5）の「安芸門徒の講中と化境」においてあらためて解説する。

葬儀に呼ばれると住職は用意をして喪家に行き死者の枕元で枕経をあげる。それを臨終勤行という。これは住職がひとりで行く。その夜が通夜となる。葬式当日には，2ヵ寺案内とか3ヵ寺案内といって門徒寺や化境寺など複数の寺の住職が依頼されてお勤めに行く。1ヵ寺で院家と伴僧と曲録とで少なくとも3人は行く。伴僧は荷物を運んだりいろいろと院家の手伝いをする者で，曲録は椅子を運ぶなどの雑用をする者である。葬式のお勤めは本山で指定したものがあり，表白文，正信偈，これらは葬式独特のあげ方がある。かつては読み方が5通りあったが今は3通りになっており，そのうち葬式独特の読み方であげる。念仏，和讃，回向供の順番にあげる。三部経，坊主焼香などもある。家族，親族，会葬者たちの焼香がすんで出棺となるが，このとき住職たちは十四行偈をあげる。これを出棺勤行という。むかしは部落ごとに焼き場があり，行列を組んで送っていったが，住職も焼き場まで行きそこでもう1度，葬場勤行といってお勤めをした。いまでは町営の火葬場ができて自動車で行くので，住職は葬場勤行は家ですませて火葬場には特別に依頼されない限り行かない。昭和30年代後半までは焼き場で葬場勤行をしていた。翌日朝，ハイソウといって焼き場でお骨拾いをしたが，そのとき拾骨勤行もしていた。しかしいまは拾骨勤行は先にすませてしまう。むかしは竹を編んで笊をこしらえ白紙をのせてその上にお骨を拾った。家によってはたくさんの骨を拾うこともあり，少しですませることもあり，骨をどれくらい拾うかはとくに決まってはいなかった。拾ったお骨を墓石の下に納めるのも家によってそれぞれでその日のうちに納骨する家も，四十九日の法事のときに納骨する家もあった。いずれの場合にも住職は立ち会って納骨勤行をした。四十九日の法事にあげるお経にはとくに決まりはなく，阿弥陀経などをあげる。

　② アタリ・部落・講中

　部落と講中　葬儀の執行と，近隣，親類，寺との関係について，具体例として本地の別所部落の桐原玄三家の場合でみてみる。桐原玄三家にとって門徒寺は遠隔地の広島市内可部地区にある西光寺であり所属する部落は別所である。しかし，講中は別所部落ではなく千坊部落の家々と一緒になっており，千坊講中と呼ばれる講中に属している。なぜそうなっているのか。それは別所部落が

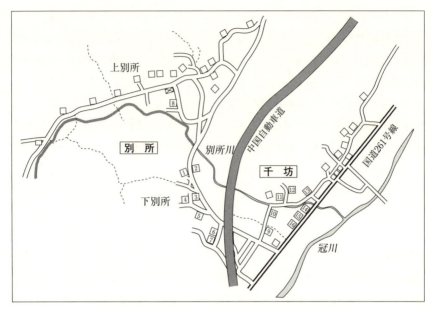

図20　千坊講中の構成戸1〜16（17〜19はこの地図の外にある）

同じ部落であっても上別所の16戸と下別所の7戸の2つに分かれており，上別所の16戸が専教寺の化 境 下となって別所講中を構成しているのに対して，下別所の5戸は上別所とは別で隣りの千坊部落と同じ浄楽寺の化境下となっているからである。いま下別所にある家は7戸であるが，そのうちの2戸は上別所の講中で専教寺の化境に属しておりいずれも大正期の転入戸や加入戸である。

この本地地区の特徴は，第1に，門徒寺が地元のその3ヵ寺だけでなく，遠方の広島市内の報専坊をはじめとするこの本地から離れた地区にある寺を門徒寺としている家が多いという点である。第2に，地元に専教寺，浄楽寺，浄専坊[21]という3ヵ寺があり，それぞれの寺の化境が部落ごとにまとまっているかたちではなく，同じ部落であってもその3ヵ寺もしくは2ヵ寺の化境の家が混在しているという点である。それは，化境つまり講中と部落とがもともと別のものであったからであり，地元の3ヵ寺が近世を通じて把握してきた化境つまり講中というまとまりと，近代にあらためて行政的に把握され編成されてきた部落というまとまりが[22]，それぞれ別の歴史的背景をもつものであるということをむしろこの本地の例はよく表しているといってよい。

さて，別所部落に所属しながら千坊部落の千坊講中に所属する桐原玄三家の場合，化境寺(けきょうでら)は地元の浄楽寺である。その千坊講中は表15の家々からなっている。

アタリ その講中に対し，葬儀でもっとも重要な手伝いの仕事をしてくれるのはアタリ（辺り）と呼ばれる最近隣の家数戸である。それは表16のような下別所の近隣の家々である。専教寺を化境寺とする別所講中の家も 3 戸含まれている。

千坊講中のお寄り講
安芸門徒の間では毎月 1 回のお寄り講がある。日取りは特定の日はなく当番の家で都合をみて決める。当番は月ごとに家の並びの順に回ってくる。この講中の当番のことをガチという。月行事の略語であろう。時間はふつうは夕飯時で冬は昼食時にする。化境寺の住職にきてもらい，お経をあげ

表15　部落と講中

部落	千　坊　講　中
別所	1 桐原玄三（門徒―可部の西光寺，化境―浄楽寺）
別所	3 砂原照三（門徒―可部の西光寺，化境―浄楽寺）
別所	4 砂原一之（門徒―可部の西光寺，化境―浄楽寺）
別所	5 宗政ミスエ（門徒―浄専坊，化境―浄楽寺）
別所	6 大田等（門徒―浄専坊，化境―浄楽寺）
千坊	9 沖野広司（賢治）
千坊	10 沖野二三夫
千坊	11 桐原潔（清見）
千坊	12 高原サフミ（正記）
千坊	13 玉広泰治
千坊	14 高原三郎
千坊	15 高原和彦
千坊	16 高原浄
古川	17 大林又一
森藤	18 行宗一彦（門徒―可部の西光寺）
広能	19 斎藤友一（門徒―可部の西光寺）

註　数字は地図中の家番号にあたる。以下，表20まで同じ。
　　桐原玄三家が所属する部落は別所部落，所属する講中は千坊講中，その千坊講中に所属する家々は上記の通り，古川部落・森藤部落・広能部落の家も 1 戸ずつ存在している。

表16　ア　タ　リ

1 桐原玄三（門徒―可部の西光寺，化境―浄楽寺）
2 岩崎正司（門徒―寺原の西光寺，化境―専教寺）
　＊大正期に本地の市からこの屋敷を買ってきた
3 砂原照三（門徒―可部の西光寺，化境―浄楽寺）
4 砂原一之（門徒―可部の西光寺，化境―浄楽寺）
5 宗政ミスエ（春雄）（門徒―浄専坊，化境―浄楽寺）
6 大田等（門徒―浄専坊，化境―浄楽寺）
7 細田トキエ（康則）（門徒―寺原の西光寺，化境―専教寺）
　＊戦時中に部落が別所だから一緒になった
8 粟谷マサコ（部落は新栄，化境―専教寺）
　＊大正期に家数が少なくなって一緒になった

註　桐原玄三家にとってアタリの家々は上記の同じ別所部落の家々である。

てもらい法話を聞く。オトキ（お斎）と呼ばれる食膳が出る。講中で共有の膳と椀がありそれを使う。膳に盛られるのは親の椀と呼ばれる椀に御飯，それに汁椀，おひらに大根，コンニャク，昆布，人参，ゴボウなどの煮しめ，おつぼに小豆と一緒に田芋などを煮たもの，そして中央に大根なますである。おひらの蓋には豆腐の白あえやてんぷらなどを付ける。お寄り講はオトキをいただいて終わる。住職へのお礼は米1升である。

③ 葬　儀

〔遺体〕　家の間取りではカムデイ（上出居）が仏間になっている家がほとんどで，遺体はまずその部屋に布団を敷いて寝かせる。最近では病院で亡くなる人がほとんどで亡くなったらすぐに死者の手を組ませ，車で家に連れて帰ってから数珠をかけることが多い。床柱と仏壇の方に顔を向けて寝かせ，枕元に線香，ローソクを焚いておく。夜もその火は消すなという。交替で起きていて誰かが見守る。「極楽へ行く道が暗うちゃあいけん，見えんといけん」などという。

〔テイスヤク（亭主役）〕　家の者が死亡するとすぐに隣りの家へ知らせる。すると，アタリ（辺り）へはツギブレ（次触れ）といって次々と隣りの家に知らせてくれる。アタリはいわゆる2人出で，夫婦2人が手伝いに出る。そのなかからテイスヤクが選ばれてそのテイスヤクを中心に葬儀の日取りや役割分担が相談される。親類への知らせに行く者，寺への案内に行く者，医者の診断書や役場からの火葬認可証をもらいに行く者などが決められる。

〔ヒキャク（飛脚）〕　1960年代までは親類への通知はアタリから出てくれた若い元気な者が2人選ばれて歩いて行った。この役を

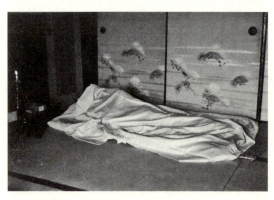

図21　枕元にローソクの火が灯されている（旧大朝町新庄岩戸・昭和30年代初頭。以下，図26まで同じ）

ヒキャクといって必ず2人でなければならない。昼でも夜でも晴れでも大雨でも行かねばならない。ヒキャクは，「だれそれが死んだ」という言い方はせず，「いついつひけた」という言い方をする。ヒキャクを迎えた家では必ず御飯を食べさせる。だから，いつヒキャクがきてもいいように，どこの家でも釜には米をしかけておくものだといったものである。御飯をすぐに炊くが，それで手間がかかって遅くなるのは女の恥だといって急いで支度した。おかずは漬物とお汁でよい。熱い御飯が出されるので，「猫舌の者にはヒキャクはつとまらん」といったりした。親類でも親子兄弟のような近い親類では，ヒキャクを帰すと，餅米を水にかして餅を搗く用意をする。葬式の後のシアゲ（仕上げ）の膳でアタリの家をもてなすときに膳に付ける餅はこの近い親類が搗いて持ち寄るのである。慶びのときの餅は中に餡を入れるが，葬式のときの餅は中に餡を入れない。

　1990年代前半の最近では親類その他への知らせは電話を使うようになっている。テイスヤクが喪主に相談して通知すべきところを確認してから電話をする。最近では葬具は葬儀屋がかなりの部分を準備するようになってきている。香典帳や買い物帳も出来合いのものを用意しているし，会葬御礼の礼状その他のセット，それには砂糖やお茶，祝儀不祝儀用ののし袋などが入れられているが，それらも葬儀屋がセットで用意している。生花もそうである。最近では葬儀の行なわれている間に生花を棺の周りに置いて飾りにしておき出棺のときその生花をちぎって会葬者が棺に入れて最後の別れとすることが行なわれるようになってきているが，その生花を用意するのも葬儀屋である。むかしはそんなことはしなかった。

　〔枕経〕　寺への案内は米1升を持って行く。頼む寺はこの本地地区では遠隔地の門徒寺ではなく近くの化境寺である。その化境寺の住職が喪家に来て枕経をあげてくれる。死者は布団に寝かせられ，枕元には経机がおかれ線香が焚かれる。枕経は比較的短いもので住職が喪家の家族と一緒にこの地域の浄土真宗のしきたりにそって仏壇の阿弥陀仏に向かってあげる。

　〔通夜〕　通夜は家族，親類などの身内とごく懇意の人だけが集まる。アタリの人たちは葬式の準備で忙しい。講中の家からはこの通夜の晩にみんなクヤミ（悔やみ）に来る。講中への触れはガチと呼ばれる当番が行ない，ガチが講中

の香典として決められている1戸当たり米3合ずつを集めて喪家に届ける。

〔湯灌・死装束・納棺〕　葬式の前の晩に死者の湯灌をし，白い死装束を着せて棺に入れる。湯灌は死者を裸にして盥の中へ入れて洗うもので相当の力が要る。兄弟姉妹や子供などごく近い身内が死者の身体を手ぬぐいで洗う。アタリの者など他人はそれを心安げに覗いてみるものではないという。死装束は身内の女性が縫う。白い晒し布はアタリの者が買ってきてくれる。ハサミを使わずに布は手で裂き，糸の端をとめずに縫う。死装束を着せると死者が若い女性の場合ならうすくお白粉を塗るなどして死に化粧をすることもある。僧籍にあった人は白衣の上に黒い着物を着せる。1945年（昭和20）の終戦のころから寝棺になったが，それまではずっと坐棺だった。山桶と呼ぶ丸い深い棺桶でそれに死者を坐らせて入れた。お茶の葉を下に敷いた。ほかに入れるものはとくになかった。

〔棺桶と輿〕　棺桶の上にかぶせて覆う輿はなかなか手の込んだもので，これを作るのはたいへんだった。この千坊講中ではいつのころからか自分たちで作るのはやめて大工に作ってもらったものがあったといい，それは黒い漆塗りで藤さがりの紋に，金色，赤色，白色など色鮮やかな立派なものだったという。まわりに欄干をめぐらし，屋根の先の四隅がそれぞれ上向きになっておりそこには鶴がとまるかたちになっていたという。それがヤキバ（焼き場・火葬場）の倉庫に納められており，葬式が出るたびにそれを使っていた。輿のまわりには青い空色の布と白い布をぐるりと巻いていた。その布は棺を担いだ人にあとであげる。

〔読経と焼香〕　読経と焼香は，家とヤキバ（焼き場・火葬場）とで2回行なった。家ではカムデイ（上出居）と呼ばれる部屋で行なった。カムデイにはふつう床の間と仏壇がある。床の間の前あたりに棺桶を据えて仏壇を開け，寺の住職がお経をあげる。寺は2ヵ寺案内とか3ヵ寺案内などといって門徒寺や化境寺の住職など複数の寺の住職を招く。喪主の門徒寺と化境寺，それに喪主の兄弟姉妹たち，故人の子供たちがそれぞれの関係の寺に依頼することもある。子供たちが一緒に1ヵ寺に頼むこともある。1ヵ寺で院家と伴僧と曲録と大傘とであわせて4人で，よく「上下四人（じょうげよったり）」などという。伴僧は荷物を運んだりいろいろと院家の手伝いをする者で，曲録は椅子を運ぶ，大傘は傘をもつなど

の雑用をする者である。お礼はだいたい住職にかつては米1石，今は3万円くらいである。仏壇ではふだんと同じように御飯が供えられている。棺の前には壇を設けて，線香，抹香，ローソクが焚かれ，シカバナ，生花，葬式菓子などが供えられる。葬式菓子というのは，提灯の骨の竹ひごのような形でその先に赤青黄色の米で作った菓子を先に刺したものである。この葬式菓子は葬列とともに焼き場まで持って行き子供たちに分け与える。読経が続けられ，終りに近づくと家族，親類が順番に焼香する。会葬者には

図22　出　　棺

図23　ヤキバへ向かう葬列

焼香台を盆へ載せて回す。棺桶は縁側から担ぎ出す。棺桶を中に納めた輿である。担ぐのはアタリの者で，力が要るので若い元気な者が4人で担ぐ。担いだ人は輿に巻いてある布をもらえる。青い布は花田植えのときの帯や襷(たすき)にする。

〔葬列〕　喪主の服装は昭和の初めごろまでは裃(かみしも)だったが，その後，紋付き羽織袴になった。火葬場へ行くのを「野へ行く」というが，火葬場へ送って行くときは，死者の子供たちはみんな裸足に紙緒の藁草履で，草履の緒には白いもろくちを巻いておいた。嫁も婿もそうする。身内の女性はみんなボウシ（帽子）と呼ぶ白い布を被る（第3章2.（1）事例B158頁の図46―2参照）。葬列の順番は，およそ次のとおりである。

図24　ヤキバでの読経と焼香

図25—1．ヤキバでの火葬の前の棺と燃料の藁

図25—2．ヤキバでの火葬の直前の様子　手前に棺、向こうに当番の人と燃料の藁がみえる。

灯籠—棺—シカバナ—生花—線香—ローソク—住職—喪主—家族—親類—講中や友人

灯籠をはじめとする持ち物はすべてアタリの人たちが手分けして持つ。アタリの者のうち女性はオトキ（お斎）の準備で台所仕事が忙しく、ヤキバ（焼き場・火葬場）には行かない。男性のうち帳場の係は喪家に残ってそれ以外の者が葬列に参加する。

〔ヤキバ（焼き場・火葬場）〕　どこの部落でも山に入ったあたりにヤキバをもっていた。葬列がそのヤキバに着くと、そこでもう一度、野辺の送りといって読経と焼香をする。そのあとで焼くのは棺を担いだ者である。焼く場所は丸い竪穴状に掘ってあり、回りに土手をめぐらせてある。風が吹くと危ないからである。まず下に藁を敷き薪を並

べる。経験者が中心になって作業を進め，初めての若者はそれを見習う。薪の上に棺桶をおき外から薪を縦に立て掛けるようにめぐらす。そして藁をぎっしりとたくさん積み重ね高く盛り上げる。薪よりも藁の方が多い。藁の火力はなかなか強いものだという。焼きはじ

図26　帰宅後のオトキの様子

めるのはふつう夕方である。最初に火を付けるのは喪主である。それに続いて家族と親類の主だった者もつぎつぎに火を付ける。藁を束ねて棒状にしたものを何本か用意しておき，それで火を付ける。最後には焼く係の人が全体のバランスをみて適当なところへ火を付ける。燃えはじめたらみんな帰る。焼く係の人もまもなく燃えはじめたのを確かめたらいったん帰る。

〔オトキ（御斎）の膳〕　喪家に帰ったらみんなでオトキの膳に着く。そして，夜中の10時過ぎごろに焼く係の者が一度焼け具合を見に行く。うまく焼けていればそれでよいし，直すべきところがあれば直してくる。このときよく語られるのは，いついつ誰々のときのことだが云々，というパターン化された話である。棺桶の中に死体は坐らせる形にしてあるが，焼くと死体はのびるもので，ちょうど誰々が見にいったときのこと，棺桶の竹の輪が焼けてバラバラになり手足が火の中から急に飛び出してきて肝をつぶした，というような話である。焼け具合を見にいって帰ると，うまく焼けていようがいまいが，「ええ具合に流れとってです」という挨拶をするのが決まりだという。

〔骨拾いと納骨〕　翌朝，喪主夫婦をはじめ家族，親類一緒にヤキバ（焼き場）に骨拾いに行く。アタリの人も行く。親類はみんなかつては葬式の晩は喪家に泊まったものである。遺骨は麻殻(おがら)を箸にして拾う。喪主から順番に，それも頭の骨からみんなで少しずつ拾っていく。拾った骨はもろくちなどの紙の上に置く。その紙に包んで持って帰ったり，藁スボに入れて帰ったり，土のオイ

2　伝統的な葬儀とその担い手　73

コ（背負い子）を持っていってそれに入れてくることもあった。遺骨と遺灰は全部拾うわけではない。粉になった遺灰はヤキバの周囲に捨てる。ヤキバの隅の一角にはそのような遺骨灰が捨てられて山のように盛り上がっているところがあった。遺骨を拾って帰ると，仏壇の前に置き，寺の住職にも来てもらい，お経をあげる。アタリの者も参る。住職は地元の化境の寺の住職で枕経をあげてもらった住職である。このときに浄土真宗でよく知られた蓮如の「白骨の御文章」が読まれる。その後，ハカツミ（墓積み）といって，墓地に住職も一緒にいってもらい，墓石の下部のカロートへ遺骨を納める。

〔シアゲ（仕上げ）の膳〕　それが終わると，シアゲ（仕上げ）といって今度は親類の者がアタリの人たちをお膳でもてなす。この膳には親子兄弟などの近い親類が搗いて持ってきてくれた餅2重ねを付ける。葬式の間じゅう，ずっと食事はアタリの人たちが作ってくれてきたわけで，このときになってやっと親類の者たちがもてなすかたちで，アタリの人たちにお膳に着いてもらうわけである。葬式の間の献立は，煮しめ，豆腐汁，あらめに油揚げ，すと豆腐，それに漬物などである。あらめは必ずといってよいほどこの地域の葬式の食事には出る。すと豆腐というのは麦藁の藁づとに豆腐を入れて巻いて茹でたもので，切って出すが切り口には胡麻をふる。おかずについてはいろいろあってもとにかく漬物さえあれば大丈夫だった。それより，とにかく葬式には米をたくさん炊いて食べてもらうというのが特徴であった。葬式にはほんとうに米がたくさん要ったという思い出をもっている人は多い。近所の子供たちの思い出にも，大きな釜で炊いたご飯の狐色のおこげをもらいに行った思い出を懐かしむ人は多い。

〔法事〕　葬式が終わると，初七日には寺へ参る。化境の寺である。お経をあげてもらい御法礼とローソク料として米1升かそれに代わるお金を納める。そうして7日ごとに寺に参る。法事は男が四十九日，女が三十五日で，喪家に，寺，アタリ，親類を呼び，住職にお経をあげてもらい，法話を聞き，オトキ（お斎）をみんなでいただく。その後は，三年忌，七年忌，十七年忌，五十年忌である。特別に寺と契約すれば月忌参りもしてもらえるが，それは必ずしも一般的ではない。永代経供養を寺に頼んで先祖の供養とすることは多い。

〔講中にすべて一任〕　以上がかつて昭和40年代（1965—74年ごろ）まで行な

われていた葬儀と火葬の方式である。1995年の調査時点でも，葬儀はアタリと講中が中心になって行なうもので，家族や親類は一切口出しをしないというのが決まりである。講中のうちに親類がある場合にはその親類は身内の扱いとなり，葬儀の手伝いもしないし，座敷を貸したりもお寺さんの宿もしない。家族や親族は葬式の日取りも呼ぶ寺も一切口を出さずすべて講中に任せる。喪主に相談すべきことがあれば，それはテイスヤク（亭主役）の判断で相談することもあるが，ふつうは講中へすべて一任である。

（2） 死亡当日だけ家族や親族が準備をするが，翌日からはすべて隣近所が行なう葬式
―― 事例Ⅱ　山口県下関市豊北町角島

① 講と寺

　これも1990年代の調査による情報である。1995年（平成7）夏と96年（同8）冬の民俗調査によるものであり，筆者が出講していた東京女子大学文理学部の「民俗調査」という科目の現地実習によるものである。その調査の全体的な内容はコピー原稿の簡易製本ではあるが，『角島の民俗誌』1996という報告書としてまとめてある。筆者が指導し実施した調査ではあるが，何よりも幹事の高野まり子さんや渝奈菜絵さんをはじめとする学生たちが直接現地の人たちの理解によって良好な交流関係をいただきながら熱心に蒐集した貴重な調査情報でもある。

　角島は響灘の中に位置する島で，長径4.4㎞，最大幅2㎞，最小幅300ｍ，面積4.3㎢の，中央がくびれ両端が突出した牛の角のような形の島である。島は中央のくびれた部分を境に東北の元山と西南の尾山に分かれており，元山は農業主体，尾山は漁業主体の集落である。元山は里と中村に分かれており，1区が里，2区が中村，そして3区が尾山，となっており，古くからサンクロ（三畔）と言い慣わしてきている。その3区の下に計13の自治会があり，元山の里に西迫・仮畠・辻方の3つ，元山の中村に岡方・前方・後方・野崎の4つ，尾山に黒瀬・辻ケ浜・久保・堂の奥・河原・森の前の6つがある。それらは13の部落と呼ばれてきたが，1975年（昭和50）に自治会と呼称変更がなされた。しかし，いまでも部落という言い方をする人が多い。

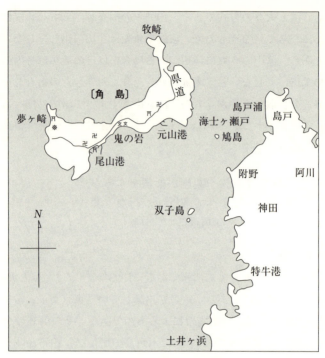

図27　角島の位置（架橋以前）

　この部落（自治会）が葬儀の手伝いをする講と重なっている。ただし，戸数の多い黒瀬と河原は講が2つに分かれている。講はコーウチ（講内）とかシニコウ（死講）と呼ばれて葬式に集まり手伝いをする組織となっている。講には講長1名と会計1名がおり，講長が葬儀委員長となって葬儀を取り仕切る。講の男性は棺や輿を作り，シカバナや蓮の花などの飾りを作り，祭壇や会場の設営，棺担ぎや火葬などを担当する。講の女性は団子作りや台所仕事を行なう。寺は浄土真宗西本願寺派の寺院が尾山の堂の奥の勝安寺，尾山の辻ヶ浜の浄楽寺，元山の辻方の徳蓮寺と計3ヵ寺あり，角島の家々はほとんどがいずれかの寺の門徒である。すべて地元の寺の門徒なので，同じ浄土真宗であっても前述の広島県の安芸門徒の事例でみられたような化 境（けきょう）という制度はない。また，神社としては角島八幡宮が元山にあり，島内全戸がその氏子である。本土と角島を結ぶ町営の定期連絡船角島丸が通っており，特牛（こっとい）港と角島の尾山港との間

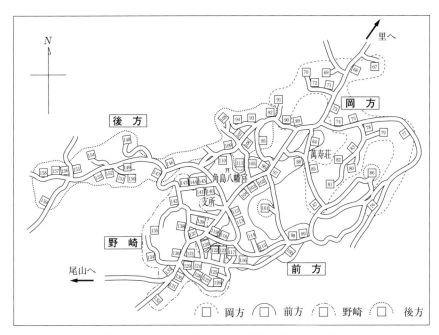

図28　元山の中村地区の4つの部落とその家並配置

の渡航時間は約25分である。1995年（平成7）の調査時点での戸数は323戸であるが，来たる2000年（平成12）にはこの角島と本土とを結ぶ角島大橋の建設が計画されており，それによって自動車で本土とつながることとなり，それにともなう大きな変化が予想される状態であった。

② **葬儀と供養**

〔葬儀と講〕　葬儀における講の役割は大きい。講の役割には大きく分けて家を新築するときの手伝いと葬式の不幸のときの手伝いの2つがある。葬式のときには講長が葬儀委員長として講の人びとに呼びかけ，責任と権限を持って葬式の準備をする。島の人びとにとって講に参加することは大切な義務であり，たとえ仕事があっても講に参加する。不参加が続くと，講バネとなる。講バネというのはみんながもっとも恐れるもので，一切のつきあいを止められる村八分のようなものである。

前述の広島県西北部の安芸門徒の事例では死者が出たらすぐにアタリや講中

表17　野崎部落の23戸

講(部落・自治会)	門徒寺	講(部落・自治会)	門徒寺
119刀禰田佑志	浄楽寺	121津田修三	勝安寺
123北野巌	徳蓮寺	125山内倉一	徳蓮寺
127林和美	勝安寺	129国本広治	勝安寺
<u>131池本和</u>	勝安寺	133中尾環	徳蓮寺
<u>135大田幸作</u>	勝安寺	137吉岡甑二	徳蓮寺
139岡村勝美	徳蓮寺	142坂本嗣典	徳蓮寺
120中川久	勝安寺	122池本良人	勝安寺
124白石善夫	徳蓮寺	126永富善治	徳蓮寺
128坂本一三	徳蓮寺	<u>130上田功</u>	勝安寺
132池本エミ子	徳蓮寺	134西田重美	勝安寺
<u>136永富俊和</u>	徳蓮寺	河野博昭	勝安寺
池本谷彦	勝安寺		

の家々で葬儀を執り行なうしきたりであったが，この山口県の角島の事例ではモージャ（死者）が出た当日は講の人たちはまったく働かずに，死亡当日はモージャの家族と親族がすべて準備などをするのが決まりである。

講の手伝いは死亡の翌日からでそれから一斉に準備をする。講は1960年（昭和35）ごろまで，棺や棺を担ぐための輿，シカバナやカジメなどの飾りなど，葬儀に必要なもの一式すべてを作った。飾りは現在（1995年の調査時点）も作っている。団子を作るのは家族や親族だがその団子を串に刺して供え物を作るのは講のしごとである。野辺送りでは棺を担いで寺に運ぶのも講の者の役割である。火葬するときはその準備を整え，遺体が完全に焼けたかどうか確認して親族に報告する。火葬場で火葬するための段取りを整えるのは講だが，実際に火を付けるのは親族である。また，講の服装は普段着でよいなど，家族や親族とは一線を画している。

角島では地域のなかに血縁関係にある家どうしも多く，モージャの血縁であり講でもある場合には血縁の立場を優先する。一応，準備にかかる朝，講の会合には顔を出すが親族の立場をとる。講でもありモージャの家と隣近所の場合には，隣近所としてのつきあいの方が優先される。モージャと2つ以上の関係がある場合には親族や隣近所というようなより近い関係の方が優先されるのである。たとえば，最初に紹介した西田雪雄氏の葬儀の場合には，講と部落は表17のような元山の野崎部落の23戸で，夫婦2人出て手伝う隣近所は下線を付した5戸であった。

〔ヨビツカイ（呼び使い）と枕経〕　カラスがシラク（鳴く）と人が死ぬという。迷信だといってあまり気にしないという人も多い。死者のことをモージャ

（亡者）と呼ぶ。家族と親族とでモージャを北枕に寝かせる。ヨビツカイと呼ばれる男性の親族2人が講長や親族や門徒寺に歩いて行って死を知らせる。寺には「枕直しをお願いします」と言いに行く。門徒寺の住職がモージャの家に来て枕経をあげる。ヨビツカイをしている間，親族の女性はオッパン（御飯）を3合ほど炊く。茶碗にそのご飯を盛るが，そこに箸を挿し立てたりはしない。死者は北枕にして枕元にローソク1本と線香1本を立てる。線香は普通の長さのものを3本程度半分に折り，横に寝かせる。けっして縦には挿し立てない。枕飯は作らないで，仏壇へオッパンをあげる。他のところでよくみられる布団の上におく魔除けの刃物もここではおかない。浄土真宗の門徒だからだという。枕経が終わると，住職が位牌に戒名を書く。この戒名は京都の西本願寺へ参ったときや，西本願寺の住職が来島してカミソリを頭にあてるオカミソリという儀式をしたとき，あるいは門徒寺の住職に生前あらかじめ付けてもらったものである。浄土真宗なので男性は信士，女性は信女が一般的だという。

〔湯灌〕　多くは死亡当日の朝，モージャ（死者）に一番近い家族や親族の者が家のオクノマ（奥の間）で行なう。むかしは死亡のあくる日に湯灌をした。湯灌は死者の子供たちが行なう。先に盥へ水を入れたあとで湯を加えて湯加減をして裸にした死者にその湯を使わせた。水に湯を加えるのはふだんとは逆で普通はしてはいけないこととされていた。身体を拭くだけの場合は，盥を逆さに置き，その上に遺体を据えてタオルなどで拭く。湯灌をする人は，ドンダという絣などの着古しの着物を左前に着て，帯の代わりに藁や縄で左巻きに結ぶ。湯灌に使用したドンダや藁や帯は7日目に焼いて始末する。盥の湯は家の後ろの肥えタゴの中に7日間くらい入れておいて人目につかない太陽の当たらないようなところへドロ（土）を掘って穴をあけそこへ埋めた。1930年（昭和5）ごろまで，「一人一剃り一拭き」といって湯灌のときに性別に関わらずモージャの毛髪を剃った。剃った毛髪は棺の中に入れた。1955年（昭和30）ごろまでは，妊婦に死人を見せたり触らせるとウブシの子（口のきけない子）が生まれるといって，妊婦が湯灌に携わることはなかった。いまでも妊婦は湯灌には参加しない。

〔死装束〕　死装束をジットクと呼ぶ。1980年（昭和55）ごろまでは，亡くなったらすぐに白い晒し布を用意して親族の女性たちが通夜の晩に死装束を作っ

た。額に付ける三角の布，手甲，脚絆も作った。そのさい，ハサミを使わずに布は手で裂いた。着物の形にするために，脇の部分は縫い合わせたが，袖の部分は縫わなかった。ジットクの上にモージャ（死者）が一番好きだった着物や良い着物を着せた。また浴衣の上に白い布を裂いたちゃんちゃんこのようなものを着せることもあった。

〔納棺〕　湯灌の後，死装束を着せて棺に遺体を納める。棺は竪棺で1960年ごろまでは，棺とそれを担ぐための輿をコーウチ（講内）やシニコウ（死講）と呼ばれる講の男性たちが，納棺に間に合わせるように作っていた。納棺のときには，モージャの手と手を合わせた間に，木や水晶でできた数珠を握らせる。鼻や耳に脱脂綿などの詰め物はしない。「死んでしまったら，モージャは藁と同じだから」といい，死後の世界へ旅立つための刀やお金などは棺には入れない。ただ一文銭を入れるという人はいた。1955年ごろから65年ごろの間にしだいに寝棺に移行していったという。寝棺になってからは講は棺を作らず，業者から購入するようになった。納棺がすんだら，カミノマ（上の間）に安置しておく。

〔棺の用意〕　棺は最近では葬儀屋が他のものと一緒にセットで用意するが，むかしは死者を出した家で杉の三分板を用意して講長の家へ預けておくしきたりがあった。角島は島なので杉の三分板は島内では手に入らない。しかし，死者が出ると棺はすぐに作らねばならない。だから本土の特牛港から材木を船で運んで来るのだが，そのときもしもシケ（時化）で船が出せないようなことがあったら困るので，そのようなときにも対処できるように杉の三分板を用意しておくしきたりができていたのだという。

〔通夜〕　通夜のことをヨトギ（夜伽ぎ）と呼ぶ。かつては灯した油の火が絶えないように，モージャに近い親族が一晩中起きているだけのものだった。しかし，現在は親族がおおぜい海苔や缶詰などの乾物を持参して訪れ，酒を飲んだり果物や菓子などを食べて過ごすようになっている。

〔帳場と香典〕　帳場は親類の者がそれに当たる。3人なり5人なりが出てつとめる。葬式の当日の朝から，ジゲジュウ（地下中），つまり1区から3区であるそれぞれの区の家々から人びとが続々とお悔やみに訪れる。そのときには，ふだんの地味な服装で香典を持って来る。玄関からニワ（土間）に入り，

オモテ（シモ）の間で焼香をする。1994年（平成6）に86歳で亡くなった男性の葬式を例としてみると，同じ2区中村の人たちの香典は1000円か2000円，同じ部落の25軒ほどは1万円から1万2000円であった。他の1区の里や3区の尾山の家からはモージャとの個人的な関係により1000円から3000円，また5000円であった。親族は1万円から5万円で，モージャの息子は10万円であった。同じ区や部落の場合は一定の金額が決まっており，他の区や親族の香典の場合には個人的なそのモージャとのつきあいの濃淡が反映されていた。

〔オトキ（御斎）〕 葬儀ではオトキという精進料理を食べる。オトキに呼ばれる人は，モージャのイトコ（従兄弟従姉妹），オジ（伯父叔父），オバ（伯母叔母），甥，姪である。むかしは昼にもオトキを食べていたが，現在（1995年）は午後7時半か8時ごろの夜だけに食べる。場所はモージャの家からむかしは1軒おいた家だったが，現在は開発センターや公民館を利用する。テゴという隣近所の5軒ほどの手伝いの人が買ってきた材料で，親族やテゴの女性が料理をする。食べごとは身内の近い親戚と隣近所の5軒ほどの家がやる。料理の作業分担はとくに決まっていないで，年配の人が主に作り，それを若い人が手伝いながら覚えていく。テゴの人たちもその精進料理を食べる。

講内の食事は，ショシモト（喪主）が，あらかじめ2俵から3俵のお米やお金，またお酒を講に渡しておくので，それらをもとに1軒から1人ずつ出ている講の女性が買い物などをしてきて料理する。尾山では講も必ず精進料理を食べるが，元山では講は精進料理ではなくヒコデ，マルゴ，イワシ，ヤズなどの魚をサキナマス（刺身）で食べる。講の者の食事は昼食と夕食と2度食べる。講の者の飲み食いのための家を喪家とは別に1軒借りる。費用は喪主が出す。最近ではお金1万円と米3升と酒1升くらいである。その範囲内で食べる。余りを出してはいけない。女手は雇うと1日500円の決まりとされている。それは現在も同じだという。

〔葬式〕 葬式は原則として通夜の翌日の午後だが，最近は日を選ぶようになった。日時は門徒寺の住職と相談する。友引の日は避けるが，やむを得ない場合には，藁人形を作って棺に入れればそれが葬式に出席した人の身代わりになって死から免れるという。葬式を行なう喪主をショシモトと呼ぶ。葬式に呼ぶ親族の範囲としては，モージャ（死者）のキョウダイ（兄弟姉妹），イトコ（従

兄弟従姉妹），甥，姪までを呼ぶ。出棺のさい，デタチ（出立ち）の葬儀を営む。3ヵ寺の住職が縁側からカミノマ（上の間）に上がり経を読む。その後，別れの盃やデタチの酒を交わす。これは講が1升瓶の酒を黒塗りのオヤワン（親椀）に少しずつ注いで，親族がそれを回し飲みするというものである。そして，カミノマから縁側を出て出棺となる。3名の住職と棺担ぎをする講の男性4名も縁側から出る。服装は，モージャに近い親族の男性は黒の紋付きに袴，女性は黒の着物に縫い物の羽織を着る。遠い親族は黒の略礼装を着る。

〔野辺送り〕　10年ほど前（調査時の1995年からみて）までは，野辺送りといって歩いて棺をまず寺へ運んでいたが，天候に左右されるため，現在（1995年）では島の霊柩車を使用している。かつて，悪天候のときには棺を少しずらすだけでそれをウチソーレイ（内葬礼）といって間に合わせていた。野辺送りでの葬儀役割は，通夜のときに，親族の中で誰が持つのがふさわしいかを話し合って決める。当日の朝，親族の者が各担当と担当者の名前を呼ぶヨビダシ（呼び出し）をして葬列の位置につかせる。順番は，ツエヒキ（杖引），生花や蓮の花，シカバナ，ローソク，カジメ，菓子，杉の森，ドジ，位牌，3ヵ寺の住職，棺担ぎ，棺付き，の順で葬列を組む。ツエヒキ（杖引）というのは遠い親族の男性2名が担ういわば寺への案内役である。竹の杖で上から約1mほどのところまで白い半紙を巻き付け，竹の先端を2股に裂き，その竹の杖を持ち地面についてカチンカチンと音をさせながら先頭を歩く。シカバナは白い半紙で作った紙の花のことであり，男性の親族2名がそれぞれ持つ。カジメは海藻で作る飾りのことで，男性の親族2名がそれぞれ持つ。菓子は桐や下がり藤の形をした落雁で，白木でできた三角のゴーという台に半紙を敷いて載せておく。葬式では1対の白色の菓子だが，法事では2対の薄いピンク色や黄緑色の菓子を用いる。男性の親族2名がそれぞれ持つ。杉の森というのは1本の棒に小麦粉と砂糖で作った4つの団子を刺したものを4本用意して，それをサンボウ（三方）と呼ぶ四角の台に挿した杉の葉の周りに挿して，4本の団子と杉の葉をこよりで結び付けたものである。男性の親族2名がそれぞれ持つ。この団子はモージャの長寿にあやかり，参列者に配られることもある。残った団子は焼いて処分する。遺影の写真は孫か跡取り息子のどちらかが持つ。位牌はアトトリ（跡取り）が持つ。ドジというのは焼香の盆のことで，位牌を持つ人の妻が持つ。葬

列ではこの位牌持ちももちろんであるが，けっして後を振り返ってはいけないという。振り返ると死者が後を引くからだという。棺担ぎは御輿を担ぐように肩に晒しを着けて棺を担ぐ役目で，オトコシ（男衆）と呼ばれる講の身体の丈夫な男性4名がつとめる。その服装は作業着である。棺付きは棺を見守る役目で，モージャに近い男性の親族2名がつとめる。このようなシカバナ，カジメ，杉の森などの飾りはオトコシがコウヤド（講宿）と呼ばれる講の家の一軒を借りて，通夜までに準備しておいたもので，モージャの家の祭壇に飾られていた供え物である。それらを葬列とともに行列をなして寺へ運ぶのである。ドジ以外はほとんど男性が持つ。

〔土葬と火葬〕 土葬から火葬への変化を記憶している人は多いが，それがいつのことであったかについてははっきりせず，土葬は1912年（明治45）ごろまでだったという人もあり，1930年ごろまでという人もある。大正生まれの人にはかつて土葬をしていたことを確かに記憶している人が多い。自分の山や家の端にトメタ（埋めた）という。棺を土中に埋めてドロ（土）を盛り上げていた。目印にヨツイシ（4つ石）を置いて角柱の墓標に法名を書いて立てた。1年くらい経つころ中の棺が腐ってドスンとドロ（土）が落ちるもので年回忌のころにドロ（土）を盛りかえしてやった。火葬もその開始の年代がはっきりせず，1916年（大正5）ごろからという人と，45年（昭和20）ごろからという人がいる。町営火葬場ができたのは1955年のことで，それまでは岩場で焼いていたという。葬儀場はいまは寺であるが，むかしは火葬場の手前の広場であった。1955年にできた町営火葬場以前の火葬では，割り木を厚く敷き，油をかけたところに，藁や布を中にぎっしり詰めた棺を置いた。そして，その上にまた割り木を積んで藁をたくさん盛り下から点火する。むかしは部落の各戸が割り木を1把ずつ出して火葬していた。藁は喪家が出すが他の家が出してもよかった。火葬の総締めは講長で，このような火葬の段取りを整えるのは講の仕事であるが，実際に火を付けるのは必ず親族で，喪主のアトトリ（跡取り）が最初で，孫，アトトリの兄弟というようにモージャ（死者）に近い順番に火を付けていく。講の火葬の当番の者は，遺体が完全に焼けるまで待機しており，焼けたらそのことを親族に知らせる。現在（1995年）も町営火葬場で火を最初に付けるのは喪主に決まっている。次に喪主の子供，そして兄弟などが順々に付けてい

く。それが終わってバーナーの火をふかす。よく焼くと骨も少なくなりちょうどよいのだがハンド焼きといって骨をハンドに入れるのに一杯になるくらい多く残るような焼き方はよくないという。

〔骨拾い〕　骨拾いのことを骨カミともいう。火葬した翌日の早朝6時ごろに，近い親族が骨を拾いに行く。竹と木の1対の箸で骨を挟む。このとき，箸は手渡ししないで，一度箸入れに箸を置いてから，次の人が取るようにする。お骨は骨ハンド（骨壺）に入れる。お骨を自宅に持ち帰ったら住職が正信偈という経を読む。そしてローソク，線香，オッパン（御飯），遺影の写真などとともに，祭壇にお骨を四十九日の法事の後の納骨まで置いておく。お布施は1994年（平成6）の例では，葬式の当日に3ヵ寺に各3万円ほど納めた。

〔お礼参り〕　葬式の翌日の昼に，お礼参りといって香典開きの作業を終えた親族の男性が3組に分かれ，ショシモト（喪主）が門徒寺に，他の親族が手分けしてあとの2ヵ寺と八幡宮に，それぞれ永代供養料と永代神楽料を納めに行く。このとき，3ヵ寺では精進料理を出すが，八幡宮では魚などのナマモノ料理を出す。この永代神楽料というのは戦後の1946，47年ごろに八幡宮の収入がお寺と比べたら少ないということで，「生前にはお寺だけでなくお宮にも世話になった」ということから氏子が死んだときに納めるようになったものだという。最近の勝安寺の門徒の例では，勝安寺に約25万円，他の2ヵ寺に各約10万円，八幡宮に約10万円の礼をしたという。また，徳蓮寺の門徒の或る人は徳蓮寺に18万円，他の2ヵ寺と八幡宮に各8万円ずつ礼をしたという。

〔初七日と四十九日〕　初七日はかつては葬式の1週間後に行なっていたが，現在（1995年）は葬式の翌日の夕方に行なう。門徒寺の住職が，ショシモトの家に行き縁側からカミノマ（上の間）に上がり法要を営む。初七日の法要には，約1万円のお布施をする。そして，昼のお礼参りをしている間に，親族の女性が作っていた精進料理を親族で食べる。四十九日までは精進料理を食べ，漁を慎み，喪に服す。四十九日までは，まだ死者の霊魂が家の周りを浮遊しているから，屋根などの高いところに上がってはいけない，とか，四十九日を過ぎるまでは，死者の霊魂を招き戻してしまうため，餅を搗いてはいけない，などといわれる。

〔初盆〕　初盆の家では軒先や仏壇に大小さまざまな大きさの盆提灯を飾り，

親族を招く。そして門徒寺の住職が来て経を読む。盆の行事は8月14日から16日に行なう。盆団子は作る家と作らない家がある。作る家では盆団子のほかに親鸞上人の好物の餡を団子にからませる，またはおはぎを作る。仏壇にはソーメン，果物，蓮の花の形をした落雁を供える。盆に迎え火や送り火はない。

〔年忌〕年忌は一周忌，三年忌，七年，十三年，十七年，二十五年，三十三年忌を経て最後の重要な年回供養が五十年忌で，盛大に催す。10年ほど前までは，命日に精進料理を食べ，翌日精進落としをするという2日がかりのものだったが，現在（1995年）では精進料理は略して精進落としのみをしている。お祝いのようなものなので，精進料理ではなく，生魚などを食べる。なお，三十三年忌，五十年忌になると，門徒寺に約10万円のお布施をしなければならない。また，三年忌以降は死者の衣替えのためといって年忌には木綿1反をお寺に納める。いまはお金で納めている。

（3）葬儀の手伝いは隣近所が行なうが，土葬や火葬の役だけは家族や親族が行なう葬式
――事例Ⅲ　新潟県中魚沼郡津南町赤沢

① 葬儀とヤゴモリ

これも1990年代の94年（平成6）夏と95年（同7）冬の民俗調査による情報である。先の山口県角島の場合と同じく，筆者が出講していた東京女子大学文理学部の「民俗調査」という科目の現地実習によるものである。その調査の全体的な内容はコピー原稿の簡易製本ではあるが，『赤沢の民俗誌』1996という報告書としてまとめてある。筆者が指導し実施した調査ではあるが，何よりも幹事の竹谷朋子さんや宇田川知美さんをはじめとする学生たちが直接現地の人たちの理解によって良好な交流関係をいただきながら熱心に蒐集した貴重な調査情報でもある。そのとき学生たちの調査指導に協力いただいた東京女子大学出身で当時東京学芸大学講師，現在国立歴史民俗博物館教授の関沢まゆみ氏の詳細な調査情報も『赤沢の民俗誌』1996には収載されており，それらの情報を整理引用しながら以下の記述を行なっておくことにする。

赤沢は津南町の8つの面をなす巨大な河岸段丘のうちの上から2段目に成立した村落である。たいへんな豪雪地帯で積雪は少ない年で1.5m，多い年は6

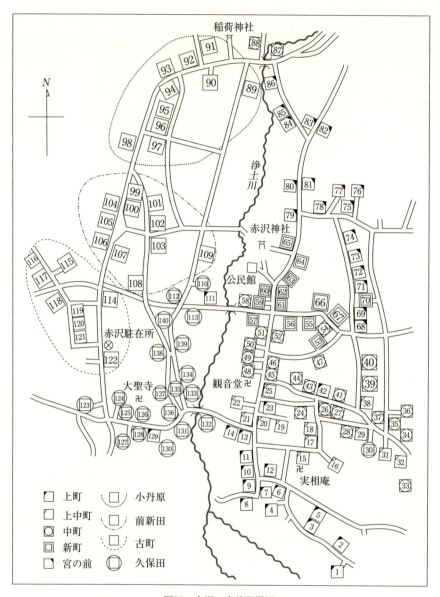

図29 赤沢の家並配置図

mもある。地元では赤沢のことを部落と呼ぶ。赤沢部落の中央には竜ヶ窪の池を水源とする浄土川が南から北へ流れており，部落内には水路が張り巡らされ，かつて一度も水利争いはないといわれるほどきれいな水が豊富である。赤沢はその浄土川を境に東と西に大きく分かれる。現在（1994年）では東と西の区分はあまり使われないが，昭和30年代までは部落の火葬場は東は東で1ヵ所，西は西で1ヵ所があった。その東には上町，上中町，中町，新町，宮の前の5つのヤゴモリ，西には小丹原，前新田，古町，久保田の4つのヤゴモリ，つまり赤沢では合わせて9つのヤゴモリがある。ヤゴモリというのは新潟県の魚沼郡一帯から長野県の下高井郡一帯へかけてみられる本家分家関係からなる同族集団のことをいう言葉であるが，この赤沢では部落内の地縁的な9つの村組のことを意味している。たとえば宮の前ヤゴモリの例でいえば，現在（1994年）滝沢姓14戸，草津姓2戸，蔵品姓1戸からなっている。

　この宮の前ヤゴモリは，ミツイという屋号の滝沢姓の大本家が1935年（昭和10）ごろに新潟市内に転出し，その少し前にそのミツイの分家で当時6代目だったシタという屋号の滝沢姓の旧家も新潟市内に転出したが，その旧家のミツイとシタは現在（1994年）でも赤沢での冠婚葬祭などヤゴモリ内のつきあいは続けている。とくにミツイは大きな影響力をもっており，そのミツイの分家といわれる4戸とシタの分家1戸を中心にした本家分家関係がこの宮の前ヤゴモリの基盤となっている。そのミツイの旧い分家が，滝沢栄子家，滝沢宏和家，滝沢茂七（茂記）家で，シタの分家が滝沢実家である。滝沢茂七（茂記）家は戸籍簿によれば，「宝暦四年（中略）中魚沼郡赤沢村荒屋新田先代本家勘左衛門ノ男子宇平次ナリ，滝沢宇平次本家三ツ井ヨリ分家ス」とあり，宝暦4年（1754）の分家で現在11代目にあたる。この滝沢茂七（茂記）家の先祖の兄弟が分家した兄弟分家に当たるのが3代前に嘉重の弟が分家した滝沢陽一家と滝沢満春家，さらに滝沢陽一家の分家が滝沢フサ家，2代前重次の弟が分家したのが滝沢喜幸家，その滝沢喜幸家の分家が滝沢幸重家である。

　現在は地縁的な村組のようになっているヤゴモリであるが，もともとそれは本家分家関係を中心とする血縁的な同族関係であったことを想定させる。分家は基本的に本家と同じヤゴモリに入るが，分家や転入戸がヤゴモリに加入するときには，ヤゴモリ内の本家をはじめ各家にあいさつをしたり，年に1度の農

表18　宮の前ヤゴモリ

68蔵品照夫(屋号なし)	71滝沢兼太郎(カネタヤ)	75滝沢良光(ダンゴヤ)
73滝沢栄子(ヤマグチヤ)	74滝沢喜幸(ワカヤ)	78滝沢富男(クニヨシヤ)
76滝沢茂七(茂記)(アタシヤ・チョウチンヤ)	77滝沢勝実(ミセ)	81滝沢憲一(ボウシタ)
79滝沢宏和(ワタヤ)	80滝沢実(タザワヤ)	84草津春一(アラヤノシンタク・ミユキ)
82滝沢満春(ヤマガタヤ)	83滝沢フサ(サカイヤ)	
85草津進(アラヤ)	86滝沢陽一(サカモトヤ)	
	72滝沢幸重(ワカシン)	

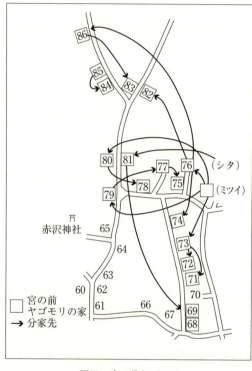

図30　宮の前ヤゴモリ

表19　滝沢茂七(茂記)家にとっての外ヤゴモリ

12滝沢豊一(上町)
20島田正夫(上中町)
25島田重義(上中町)
28石田シズエ(中町)
46島田謙一(中町)
51石田茂雄(中町)
61大塚良平(新町)
浅野ハル(現在は他出)
滝沢垣治(現在は他出)

神祭のときに多めにお金を納めたり酒を振舞ったりして承認を受ける。

　なお，ヤゴモリには内ヤゴモリと外ヤゴモリとがある。この宮の前のヤゴモリの場合にはその18戸がすべてたがいに内ヤゴモリである（表18参照）。外ヤゴモリは赤沢部落内で親しいつきあいを続けている昔からの親戚のような家のことで，宮の前のヤゴモリ以外の家のことをさす。たとえば，滝沢茂七（茂記）家の場合には表19の計9戸である。

　これらの家々は滝沢茂七（茂記）家の家長が毎年正月1日の朝にヤゴモリ以外の赤沢部落内で，年始のあいさつに行く範囲とほぼ一致しており，宮の前ヤ

ゴモリ以外で古くからのつきあいのある家である。

②　旧家の葬儀記録

葬儀と香資と御斎　宮の前ヤゴモリの滝沢茂七（茂記）家では古くからの葬儀記録や祝儀記録を作成保存しており，そこには宮の前の「内ヤゴモリ」，宮の前以外の赤沢部落の「外ヤゴモリ」，さらに「外親類」という3種類の交際範囲に分けて記録されている。もっとも古いものは文政7年（1824）の葬儀記録であるが，ここでは記録されている人物が特定できる近年のもので，以下のような茂七氏の先代の重次氏と先々代の嘉重氏の葬儀記録をみてみることにする。

〈1〉1941年8月19日「嘉斎良栄居士葬儀記録」（俗名　滝沢嘉重　79歳）
〈2〉1969年5月3日「大法篤問居士葬儀記録」（俗名　滝沢重次　83歳）

　記録は，香資（ヤゴモリ・部落・外親類からの香典），御斎使い（内ヤゴモリ・外ヤゴモリ・外親類の招待者），献立とシュウカン（筍羹）と呼ばれるお返し，七日使い（内ヤゴモリ・外ヤゴモリ・外親類の招待者），寺への御布施，葬儀における役割分担表，精進上げ（葬儀翌日の夕飯），寺参り（葬儀当日午後3時），買い物の控え，一年忌・三年忌の出席者ともらい物など，一連の葬儀のプロセスに沿いながら記録されている。

〔香資〕　葬儀のときに持参する香資をみると，現金だけでなく品物を持ち寄っていることが注目される。1969年の重次の葬儀では，ヤゴモリ（28軒）が，500円・1000円・2000円・3000円の香典と，線香1束・ローソク2丁・斎米2～3升・野菜・酒・餅米などの物品を持ち寄っている。ヤゴモリのうち，とくに関係の深い，兄弟分家の場合をみると，重次の弟が分家した滝沢喜幸家では香典2000円，線香1束，ローソク2丁，斎米3升，里芋1重，酒1升を出した。また重次の父の弟が分家した滝沢陽一家は，香典2000円，線香1束，ローソク2丁，斎米3升，麩1袋，青菜，滝沢満春家も香典，線香，ローソク，斎米は滝沢陽一家と同じで，他に里芋1重と醤油1升を出した。この兄弟分家3軒についてはだいたい同じ程度の香資を用意したといえる。滝沢陽一家の分家の滝沢フサは香典1000円，線香1束，ローソク2丁，斎米2升，甘かん1個，胡瓜1重，また滝沢喜幸家の分家の滝沢幸重家は香典1000円，線香1束，

ローソク2丁，斎米2升，青菜，人参を出した。亡くなった重次の弟や叔父の立場に比べ，そのまた分家は香典の金額や香資の内容に差があることがわかる。

　一方，1941年の記録ではほとんどの家がソバを用意し，他に白衣料10銭を持参する家も多かったが，1969年の段階ではソバも白衣料もなくなっている。たとえば屋号でシタといわれる大本家ミツイの旧い分家が1935年ごろに赤沢から新潟市内に出たが，1969年の葬儀には香典2000円を出している。物品はない。それ以前の1941年の葬儀には，まだ新潟市内に出て年数がたっていなかったためか，香典1円，線香1束，ローソク2丁，斎米2升のほか，車麩40個，昆布100匁，冷麦200匁と，白衣料10銭を出している。転出という地縁的な変化と，1940年代と60年代という時代的な変化，とが香資の変化として表れてきているといってよい。

　〔御斎使い（葬儀当日の食事）〕　オトキ（御斎）に来てもらったのは内ヤゴモリの21軒の61人（戸主21人）で，そのうち兄弟分家の滝沢良光・滝沢勝実・滝沢満春・滝沢フサ・滝沢陽一の5軒は家族全員で来てくれた。外ヤゴモリは9軒22人（戸主9人）で，外親類は18軒33人（戸主21人），そのうち2軒は家族全員で来てくれた。以上合計48軒116人（戸主51人）でオトキ（御斎）が行なわれた。これらの参加者をみると濃いつきあいの家では家族全員が来てくれており，その他の場合には基本的に1軒から1人ずつという例が多い。また内ヤゴモリは戸主が出席するが，外ヤゴモリや外親類では女性が出席する例が多いこともわかる。

　〔七日使い（葬儀当日夕飯）〕　かつては初七日に食した夕飯が葬儀当日の夕飯とされてきている。それに招待されたのは内ヤゴモリ20軒の50人で，そのうち兄弟分家の草津春一・島田徳治・島田陽・滝沢寿三郎・滝沢幸重の5軒は家族全員で来た。献立は冷麦と酒であった。外ヤゴモリは9軒13人，外親類は4軒5人で，合計68人であった。

　〔精進上げ（葬儀翌日の夕飯）〕　精進上げが葬儀翌日とされてきている。それに招待されたのは内ヤゴモリ10軒25人で，外ヤゴモリが1軒だけで5人，外親類は5軒で7人，合計16軒37人であった。

　葬儀当日の御斎と初七日，葬儀翌日の精進上げに招待されている人たちをみ

ると，徐々に少なく限定されてきていることがわかる。一年忌や三年忌の法要になると，さらに限定され，内ヤゴモリでは兄弟分家の者だけになり，身内だけでするという傾向がうかがえる。

葬儀の役割　1941年と69年の，2つの葬儀の記録における役割の共通点と相違点とは，表20にみるとおりである。

表20　1941年(昭和16)と69年(同44)の2つの葬儀

[1941年(昭和16)]	
亭主役	ミツイ(本家主人・新潟市)
葬儀係	ボウシタ(滝沢憲一家)，ヤマガタヤ(滝沢満春家)
接待係	外親類
裁判役	ワカタ(滝沢宏和家)，タザワヤ(滝沢実家)
書記	サカイヤ(現在留守)
使方	ワカタ(滝沢宏和家)
料理方	セイマイジョ(石田茂雄家)，フキヤ(現在留守)
穀係	サカモトヤ(滝沢陽一家)
筍羹兼餅係	カミ(島田重義家)
給仕	ヤマグチヤ(滝沢栄子家)，ワカタ(滝沢宏和家)，タザワヤ(滝沢実家)
下足係	カネタヤ(滝沢兼太郎家)
山方	ヤマグチヤ(滝沢栄子家)，ダンゴヤ(滝沢良光家)，嘉重(死者)の子分2人
納棺係	嘉重(死者)の弟など身についた親類4人
[1969年(昭和44)]	
亭主役	ミツイ(本家主人・新潟市)
書記	サカイヤ(現在留守)
使方	サカモトヤ(滝沢陽一家)
料理方	外親類
筍羹係	ワカヤ(滝沢喜幸家)
酒係	オヤケドン(大塚良平家)
配膳係	ミセ(滝沢勝実家)，ワカタ(滝沢宏和家)
給仕	ヤマグチヤ(滝沢栄子家)，他女性3人
飯炊き	インキョヤ(滝沢国敏家)，ダンゴヤ(滝沢良光家)，アラヤ(草津進家)・女性
汁係	ボウシタ(滝沢憲一家)，サカイヤ(滝沢フサ家)・女性
洗方	ワカシン(滝沢幸重家)，ダンゴヤ(滝沢良光家)，ミユキ(草津春一家)，サカモトヤ(滝沢陽一家)・女性
茶番	サカイヤ(滝沢フサ家)・女性
下足係	ワカシン(滝沢幸重家)
納棺係	オヤケドン(大塚良平家)，ワカヤ(滝沢喜幸家)，外親類2人
洗濯	2人(外親類)・女性
外手伝い	

これらの役割について少し説明しておくならば，以下のとおりである。書記は香代帳をつけ，オトキ（御斎）の人数を決めることがそのいちばんの仕事である。使方はオトキのフレなどを出し，料理方はオトキの料理を指示する。笥羹係は一番膳に昔は瀬戸物，今は砂糖をつけるので，その手配をする。酒係はオトキのときの酒のかんをする。配膳係はお膳の配膳を担当し，給仕，飯炊き，汁係，洗方，茶番，下足係などがオトキの作業分担である。そして，納棺係は褌一丁で湯灌と納棺をする。山方はハダカニンソク（裸人足）ともいい，穴掘りをする人である。しかし，これは戦後になってからは納棺係が兼務することになった。洗濯は死者の布団の皮を洗濯し，綿は家の北の方に干す。これは49日間縄で下げておく。接待係は僧侶や客へのあいさつをし，裁判役は「墓へ行ってくれ，こっちへ来てくれ，云々」と人びとを動かす人である。穀係は斎米や「七日のソバ」をあける人，餅係は斎米の布袋に空袋でないようにお返しの餅を入れて返す。仏壇に49個の餅を飾り，寺参りに持って行く。その49個の餅は四十九日が過ぎるまで1つずつ焼いて食べるといいといって，葬式後親戚に分ける。

　これらの係は細かく分かれており，しかもオトキの執行にあたっては，飯炊き，汁係，茶番などそれぞれの担当者が明記されている。葬儀では納棺や穴掘りなど直接死者の棺に触れる部分は死者の兄弟など血を分けた身内がし，その他の手伝いはヤゴモリが中心になっている。なかでも亭主役は本家の主人が務める役として固定されていた。この亭主役はヤゴモリ内でとくにつきあいが深い家に頼むため，家ごとにだいたい決まっている。たとえばこの滝沢茂七（茂記）家の亭主役は本家のミツイか，重次の弟が分家したワカヤ（滝沢喜幸家）である。

　この滝沢茂七（茂記）家の葬儀記録から，内ヤゴモリは葬儀の香資に香典，線香，ローソク，斎米のほか，季節の野菜や酒，醬油などの物品を持ち寄ることがわかる。しかも1941年には，七日ソバといって，ソバを必ず持って来ていた。シュウカン（笥羹）といわれる葬式のお返しには，1969年には「白砂糖三キロ箱入り　女子供にはキャラメル一個ずつ」を配り，41年には，「村内ノ者饅頭八十銭分　村外ノ者茶器（一組四六銭）」を配っている。このように物品を用意するのは外ヤゴモリや外親類では任意であるが，内ヤゴモリは必ず持ち寄

っていた。そして，葬儀では穴掘りや納棺だけは必ず身内がしており，その他の葬儀の手伝いはヤゴモリが中心になっていた。

③ 葬　　儀

〔死の予兆〕　死の前触れとして次のようなことがいわれている。雨が突然ザーッと降り，体に震えが来ると親戚が亡くなる。カラスが鳴くと人が死ぬ。戸をたたく音がして「泊めてくれ」という声が聞こえたと思うと，その声の主が亡くなったことがある。遺体の枕元に供える枕団子が黒くならず，白いままだと1週間のうちに誰かが死んだり，隣りの部落で死者が出たりする。死者と同年齢の者の場合，死を免れるために，お釜を被って自分で気持ちを込めるということがかつてはあった。また，1929，30年（昭和4，5）ごろまではトシトリを行なっていた。トシトリというのは死者の出た家が本家分家の同年代の人を招き酒や肴や正月に食べる物などを振舞うことをいう。

〔遺体〕　末期の水といって息を引き取るときに盃に水を入れ脱脂綿と箸を使って唇を湿らせる。ウチヤマガミ（短冊型の障子紙）を使用することもある。亡くなるとシモマクラ（下枕＝北枕）に寝かせて布団や着物を上下逆さに掛ける。その上に魔除けのためといって刃物を置く。脇差，鎌，鋏など刃物なら何でもよい。遺体の枕元にはシクヮ（四花＝紙で造った4本の花を輪切りにして大根や茄子に挿したもの），枕飯（葬式の前に炊き茶碗に山盛りにして箸を挿し立てたもの），ローソク，線香，枕団子（玄米を礑いて粉にしたものかまたは上新粉から4つの団子を作り皿に載せる）を置く。枕飯と枕団子は埋葬もしくは納骨のさい，一緒に墓へ持って行って置いておく。ほかに，茶碗などに入れた水・ヒトイロバナ（一色花＝同じ種類の花のみのもの）を供えることもある。

〔通夜〕　お通夜には子供，孫，親族が交代で一晩中遺体の側につきそい，線香の火を絶やさないように番をする。来てくれた親戚に茶菓子，煮物などを振舞う。

〔湯灌〕　湯灌は行水ともいう。ハダカニンソク（裸人足）が裸になって腰に縄を巻き，部落所有の桶の中に水，続いてお湯の順番に入れ，その中に死者を入れて柄杓で水を掛け剃刀で頭を剃る真似をする。柄杓は使用後1ヵ月ほど使ってはいけない。現在ではアルコールで体を拭くだけになっている。

〔ハダカニンソク（裸人足）〕　死人を取り扱う者のことである。湯灌，納棺，洗ダク，火葬または埋葬の作業を行なう。ハダカニンソクになるのは血縁関係のある身近な者で，子供・甥・姪とトリアゲッコ（取り上げ子）などである。ハダカニンソクはオトキ（お斎）の食物の準備に手を出すことができない。なお，子供や若い人が亡くなった場合のハダカニンソクは親・オジ・オバ・兄弟がつとめる。

〔死装束〕　死装束は，身内の女性が晒し布で袖とミゴロだけで襟のない白い着物を縫う。その際，糸は玉止めせず2人で同時に縫う。生前にこの着物をという指定があれば，それを着せる。

〔納棺〕　納棺はハダカニンソクが行なう。高さ約1mほどの坐棺に手を組ませ，数珠を掛けて納棺する。棺は死ぬとすぐに大工に頼んで造っていた。寝棺になったのは1961年（昭和36）に津南町の火葬場ができて火葬になってからである。副葬品としては，杖（死者が出立つ長い旅路のために入れるもので棺の高さに合わせた小さなもので棺の隅に立て掛けておく），六文銭（硬貨6枚を紙に包むなどして入れる。六地蔵に渡すために持たせる欠かせないもので持たせておかないと死者からの知らせがあるという），オケチミャク（お血脈＝お守りのようなもので寺から貰う。また88歳の祝いとして寺から贈られる。お釈迦様から代々の弟子への名前が記されており火葬の場合は戒名を書きいれて納骨のさい一緒に納める），草履，手甲，脚袢，数珠，その他死者が好きだったものなどを入れる。

〔葬儀と役割分担〕　葬式は本家のダンナがつとめるテイシュヤク（亭主役）を中心としてヤゴモリの中で協力して行なう。死者の身内として，血の濃い親戚は葬式に来ることになっているが，遠くにいる親戚にはヤゴモリの人が知らせる。葬式における役割やその人数は厳密に決まっているわけではなく，その時々によって若干の違いがある。昭和40年代の例でみてみると表21のとおりである。

〔出棺と野送り〕　棺の置いてあったところは塩を撒いて清め，そこから玄関までずっと箒で掃いていく。棺は必ず玄関から出す。野送りの葬列は，津南町町営の火葬場を使うようになるそれ以前までは行なっていた。ヨセと呼ぶドラを鳴らして葬列が出ることを知らせ，近所の人が見送る中を野送りに出る。このとき，見送りに来た子供たちにお菓子を配る習慣があった。葬列は墓地の隅

表21　昭和40年代の葬儀の役割分担

亭主役，書記(葬儀録を記す筆の達者な者1人)
筍羹係(引出物の係1人)
ツカイカタ(使方＝一番膳から二番膳それ以降に移るとき隣家や近い家を借りて待っている
　　人びとを時間を計って呼びにいく役目)
酒係(お斎の酒を注ぐ役目1人)
配膳係(お斎の準備2人)
給仕(女4人)
汁係(女2人)
茶番(女1人)
飯炊き(男1人が女2人に指示して行なう)
洗方(台所の片付けをする女4人)
下足番(履物担当の男1人)
洗ダク(ハダカニンソクの女4人で死者の遺品の処理や洗濯を行なう。布団皮は剝いで洗い
　　綿は49日間干しておく。着ていた物の洗濯もする)
納棺係(ハダカニンソクの男4人で婿など死者と関係の深い人が行なう)
葬儀司会
料理方(男の人。味見や采配をふるう)
買い物(料理方の指示で買い物などに動く)
ゼンコミ(次の膳の組み合わせをする)
棺担ぎ(土葬のころかつてはあった)
山方(屋外の式場の準備をする。かつてはあった)

の一角にある埋葬場と呼ばれるヤマの式場まで行くのだが，その通る道に手伝いの人が，あらかじめ六地蔵の札が付いた棒を適当な場所6ヵ所に立てておく。それを葬列の最後についた者が抜きながら行くことになっていた。

〔葬列〕　葬列の構成，順序はかつてはだいたい次のとおりであった。

1　五色の旗［5寸真四角の緑黄赤白紫の各色の千代紙をつなげたものが竹竿の先端に付いている］(ヤゴモリの子供が持つ)

2　アカシ［灯＝紙を貼った四角の箱にローソクが入っている。昼の明るい時刻でも使う］

3　雄のタツガシラ［竜頭＝ジャガシラ(蛇頭)ともいう。部落所有で十王堂に保管されている。木製の口を開けた竜の頭で棒が付いている］(手伝いに来たヤゴモリの人や親戚の者が持つ。男なら誰が持ってもよい)

4　お膳［霊供の飯，味噌一皿，塩一皿，位牌，死者の枕元に供えてあった

紙花，枕団子などを載せてある］（ツギコ〈跡取り〉が持つ）
5　菩提寺の僧侶
6　棺［4本の柄の付いたクヮンブタ（＝棺を載せる輿の一種で上に鳥の鳳凰が付いている。部落所有で十王堂に保管していた）に坐棺を載せて覆い4人で担ぐ］（担ぐ人はヤゴモリの人，ハダカニンソク，親戚などさまざまだが，男性のみである。8人で交代しつつ運ぶこともある）
7　家族と親族
8　クヮンブタに似た傘［クヮンブタの半分ほどの大きさで五色の紙が貼ってあり棒が付いている］
9　雌のタツガシラ［口を閉じたタツガシラ］
10　アカシ──六地蔵の札を抜いていく者

〔ヤマの式場〕　墓地の側あるいは墓地の一角にある2間四方の広場である。町営火葬場ができる以前まで使用されていた。埋葬場と呼ばれるが，そこに埋葬するわけではなく，埋葬前の式を執り行なう場所である。手伝いの人が事前に式場の準備をしておく。草を刈り，式場を取り囲むように縄を張る。一辺には幕を張り中心にある石の台の隣に杭を4本立てて棺を置く台とする。これが準備である。葬列は張ってある縄を切って式場に入り，台の廻りを6回まわってから棺を置く。石の台の上に位牌・枕飯・枕団子・線香・紙花などお供え物を置き，僧侶が引導を渡し焼香をする。

〔土葬から火葬へ〕　1961年に津南町町営の火葬場ができてから火葬になったが，それまでは火葬と土葬の両方が行なわれていた。1940年ごろには土葬と火葬が半々であったという人もある。戦後に火葬が主流になったという人も多いが，戦後でも土葬は実際に行なわれていた。1961年の滝沢イトエさんの義父の葬式，62年の滝沢勝実さんの祖母の葬式などが土葬であった。ヤゴモリによって葬法が決まっているわけではなく家によって違っており，本人の遺言による場合もあった。滝沢三直さんの家では，滝沢善治さん（1897年〈明治30〉生）の記憶の限りではずっと火葬だったという。ただし，小さな子供の場合はほとんどが土葬で，町営の火葬場が設立されてからも土葬にしていた。たとえば滝沢茂七さんの孫（1965年死亡），高橋キイさんの次男（1974年に2歳で死亡）などの例が知られている。また，冬は豪雪で焼くのが困難なため土葬だったとい

う。

〔火葬〕　1961年の町営火葬場の設立以前に使用されていた古くからの地域ごとの火葬場は稲荷神社の近くと新町の墓地の近く、そして部落の東と西の外れに1ヵ所ずつあった。赤沢の東側の人は東の火葬場を使い、西側の人は西の火葬場を使った。火葬場は石が敷き詰められており、その上で焼いた。埋葬場での式の後、火葬場へ行き、ハダカニンソクが焼く。焼き方については次のような説明が聞かれた。関谷孫一さんによれば、藁で編んだ筒状の籠（直径80cm・高さ1mほど）の中に薪、その上に反り返らないように前屈みにして手を頭の後ろに組ませた遺体を北向きに坐らせる。濡れた筵を掛け、石油を少しまき、籠の南側の穴から火を付ける。滝沢善治さんによれば、火葬場にある切り石の上に薪を、その上に藁を円形に重ね、裸にした遺体をその上に載せ、藁と筵を掛けて腹から火を付ける。島田一夫さんによれば、藁で作ったツグラの中に棺を置き、棺の下に薪、上には筵を据えて焼く。灰になるまで、家と火葬場を行ったり来たりしながら面倒を見る。遺体を焼いたら翌日、ハダカニンソクと身内がお骨を拾い、仏壇へ納める。線香とローソクをあげ続け、1週間後に石塔の下に納める。冬は雪があるので春の彼岸まで待つ。このとき、枕飯、線香、シクヮ（四花）も一緒に墓へ持って行き置いてくる。この日の晩に念仏講（身内の者が大きな数珠を回しながらお経をあげる）をしたこともある。

〔土葬〕　埋葬場での式が終わるとすぐに墓地で埋葬する。およそ直径3m、深さ2〜2.5mの穴に埋める。穴は死亡後すぐに掘っておくが、穴掘りをするのはハダカニンソクの場合と親戚とヤゴモリの近所の人である場合などさまざまである。ヤゴモリ内で穴掘り係の当番順が決められることはない。とにかく親族を中心に掘ることのできる若く力のある者が事に当たるという。通常4〜5人だが、雪が積もっている時期は穴を掘る前に穴までの道の雪掻きも加わる非常に大変な作業であるため10人程度で行なう。埋葬作業はハダカニンソクが行ない、身内が立ち合う。埋葬した後、ハダカニンソクが盛ってある土の上に棒を約1.8mの高さに3本組み、タイマツ（松明）を括り付けて燃やす。3本組むのではなく、盛り土に1本の棒を突き立てる形式のものもある。タイマツは40cmほどのヨシ（葦）を直径10cmほどの太さに束ねたものである。その後1週間、毎晩身内が墓に行ってタイマツを燃やす。山犬が掘るのを防ぐためとか

図31　流れ灌頂

魔除けのためなどという。タイマツの代わりに提灯を灯すという場合もある。

〔オトキ（御斎）〕　野送りから帰ると身内，親戚，ヤゴモリの人たちが家に集まり，オトキを食べる。オトキは酒，飯，汁などで魚肉は使わない。ヤゴモリの手伝いの人がオトキの準備をする。人が家に入りきらない場合は，1番膳，2番膳と数回に分けて行なう。

〔特別な場合の葬法〕　積雪があるときや天候が悪いときなど墓地に行くのが大変なときには，ウチインドウ（内引導）といって野送りをせずに家で引導渡しをした。葬列はなく埋葬のみとなった。また，子供が死んだ場合は，人を多くは招かず，その子供の友達を招いて葬式を行なった。クヮンブタは使わずに棺のまま担ぎ，大人と同じ墓地に土葬する。全体的に小さな規模の葬式である。死産の場合も必ず土葬で，お寺は呼ばない。妊婦の場合は，ふつうの死者と何ら変わることはなく，腹から赤子を取り出すこともない。ただ，ナガレカンジョウ（流れ灌頂）といって特別な供養をした。川の側に4本の棒を立ててお経を書いた布を張り，通行人に柄杓で水をかけて供養してもらった。布が腐って流れるまで続ける。現在では行なわれていない。

〔ナノカテンとタナオクリ〕　葬儀から7日目に手伝いの慰労としてヤゴモリの人を呼び，ソバを振舞うのがナノカテンである。現在は葬儀の当日に行なう。また，葬儀から7日目に葬式の祭壇を壊し近しい人や親戚が墓参りをしてお経をあげるのがタナオクリである。

〔ショウジンアゲ（精進上げ）〕　死後35日経ってからナマモノを食べることが許される。ハダカニンソク，身内，近所の人を呼び，形見分けをして，魚肉を食べる。それまでは煮干しでさえも使ってはいけない。現在は葬儀の当日に行なうようになっている。

〔シジュウクイン〕 49日経つと死者の魂が屋根から離れるといい，身内，親戚でお経をあげて，四十九餅を食べる。四十九餅は平たい餅を三段重ねにしたもので，葬式の前の晩に搗いて箱に入れて祭壇の下に置いておく。かつては死者が出た家の者は，1週間は仕事をしてはならなかった。また，汚穢れた身体で神様の前に出るとバチがあたるということで，四十九日が過ぎるまでは神社にお参りしてはいけない。その他，枕飯を炊いた道具は1週間使えない。

〔四十九日以後の供養〕 百か日と年忌供養がある。行なうことは同じで，お寺を呼び，お経をあげてもらうといったものである。年忌供養にはイッセキ（一周忌），三年，七年，十三年，十七年，二十三年，二十五年，三十三年とあり，三十三回忌でトオリオサメとし，仏の供養がすべて終わることになる。

〔位牌〕 ヤマ用と仏壇用と2つ作る。ヤマ用とは葬式のときに使い，墓に置いてくるもの。位牌の作り替えは家や経済状態によって異なる。作り替えは一周忌または三年忌のときに，桐の白いものから黒塗りのものに作り替える。桐のものは作り替えのときに墓の前で燃やす。それとは別に寺位牌を新しく作り，年忌のときに供養してもらう。

〔共同墓地〕 共同墓地は宮の前，新町，向峰，上城の4ヵ所にあるが，それらは明治になってからできたものである。それまでは各家の敷地内にそれぞれの家の墓地があった。どの家の墓がどの共同墓地に属するかは区ごとにまとまっている。ただ14区は2ヵ所に分かれている。宮の前の共同墓地は16区（宮の前）の家に限られており，この土地は滝沢のダンナ（大本家のミツイ）が16区のために土地を寄付したものである。

〔寺にある墓〕 曹洞宗実相庵には寺の先代の住職の墓と東京に出た檀家（根津正行）の墓があるだけである。浄土真宗大聖寺にも寺の先代の住職の墓と滝沢喜多栄家，涌井好文家の墓があるだけである。

〔葬儀の変化〕 かつて行なわれていた葬儀と現在行なわれている葬儀とでは大きな違いが生じている。たとえば，1995年（平成7）2月の葬儀（久保田のヤゴモリの関谷政一家）では，4日に死亡して5日の昼に町営火葬場で焼いた。6日午前10時から自宅で葬式を行ない，昼12時に大割野の料理屋でオトキ（御斎）をした。ヤゴモリの1軒につき1人が呼ばれた。夜には手伝いの慰労の意味でショウジンアゲとナノカテンを行なった。その6日夜の食事は5日と6日

表22　1995年(平成7)2月6日夜の料理

ザッコクビラ(雑穀平＝お椀に盛られた汁物。油炒めにしてから醬油味の汁物にするソバ，昆布，牛蒡，竹輪，焼き豆腐，里芋，人参，蒟蒻，薩摩揚げなどが入っている)
ソバ(一口大にまとめたものをお椀に3つずつ盛る)
折り詰め(仕出しをとる)
酒の肴(大きい皿にまとめて盛る。木耳の辛子あえ，漬物，煮物，薇の油炒めなど)

の朝から公民館で，親戚とヤゴモリの近所の人とが用意した。みんな女性で，来た人で協力しあって行なう。手伝いにきたのは親戚とヤゴモリの関谷孫一家の幸江さん，関谷茂太家のキクさんと順子さん，関谷豊作家のテルさんと郁子さん，関谷俊次家の栄子さん，関谷茂家のチヨさん，関谷忠平家のシズさん，関谷昭男家のミヨシさんであった。これらの家は同じヤゴモリであり親戚関係にある家である。食事の内容は表22のとおりであった。

　これは従来の葬儀と比べるとかなり簡略化されているかたちである。オトキは自宅で行なわずお店ですませるように変わっている，ナノカテンの料理にも仕出しを取るなどの変化がみられる。時間的にも短縮されており，7日目に行なわれていたナノカテン，35日目に行なわれていたショウジンアゲも，1つにまとめて葬式の日に終わらせてしまっている。葬法の変化，とくに葬儀の前に先に火葬してお骨にしてしまっているのは大きな変化である。野送りの葬列がなくなったこと，墓の側の埋葬場での式がなくなったことも大きな変化である。穴掘りの手間のかかる埋葬や人手で焼く火葬は非常に手のかかるものであったが，町営の火葬場を使うことでその作業がなくなり負担が減っている。

（4）　食事の準備から野辺送りまでほとんど家族や親族が行ない，
　　　隣近所は参列するだけの葬式
　　　——事例Ⅳ　岩手県下閉伊郡岩泉町岩泉

① むかしの生活

　これも1990年代前半，94年（平成6）から95年（同7）の筆者の民俗調査による情報である。岩泉字中家の坂本シゲさんを中心に男女数人の皆さんにいろいろとお話をうかがった。それによると，農地解放の前までは，この地域ではオヤカタ（親方）とかダンナサン（旦那さん）と呼ばれる地主が大部分の農地

を所有しており，それを小作に出していたという。多くの農家では四分六分で自作地と小作地の耕作に当たっていた。オヤカタの家には下男，下女がいてナゴ（名子・納子）と呼ばれていた。零細な小作の者もナゴと呼ばれていた。岩泉町では2，3人のオヤカタが大地主で全体の農地の5割を所有しているくらいであった。また，むかしは農地といっても畑ばかりで田んぼは駅の近くの中野というところに1ヵ所だけ，それも八重樫金十郎家の1戸だけが所有していた。ふだんは麦や稗など雑穀ばかりを食べて生活していた。1976年（昭和51）ごろからその他にも少し水田が開かれるようになった。しかし，葬式となると，「死人の一口ぐい」といって白い飯が食えるといった。1回の葬式で何百食分もの米がなくなった。岩泉はむかしは結核で死んだ者も多かった。栄養失調で結局病気になって亡くなる者も多かったという。

昭和の初期というのはみじめな生活だった。炭焼きで生活していた。八戸へ売られていく女の人もいた。サーカスとか，踊り子とか，女郎屋へ売られていったのだろう。口減らしのためだったのだろう。間引きも黙認の状態だった。だれも他人のことを追及しなかった。つぶした，とか，ひねったといった。ほかに娯楽もないので，すぐに子供ができた。1935年（昭和10）ごろまでは，子供が生まれても役場へは届けなかった。

むかしは，雑穀のなかへ野菜を入れて食べていた。蛋白源といえば，山では野兎や雉で，川の魚ではウグイ，ヤマメ，鮎などだった。鱒も小本川をのぼって来ていた。山の鳥や動物や川の魚は誰にでも獲る権利があった。薪を取るのも自由でダンナ（旦那）の山でも無言の了解があった。国有林でも営林署がとくにうるさくなく燃料には不自由がなかった。

蛋白源では，山の動物ではキツネが多くいたが，マミと呼ぶ土豚でタヌキの一種のようなものもいて夜出てきてもろこしを食うなど農作物を荒らした。家畜では豚を多く養っていた。むかし，保健所がうるさくなかったころには子豚をつぶして丸焼きにした。半分は食料に，半分は売って現金化した。とくに冬の間の蛋白源として赤い毛の犬を毎年1匹はつぶして食べた。赤い犬は女の薬だといって真冬には必ずといっていいほど1匹はつぶした。肉は凍らせておいた。自分の家ではなくよその家からももらって食べた。つぶしてもけっして自分の家一軒だけで食べてはいけない。知人や親戚にもまわした。必ず分けた。

赤い犬というのは番犬でもあると同時に冬場の食料でもあった。植物性蛋白質として，大豆は豊富だった。だから，味噌は十分あった。1889年（明治22）の大飢饉はいまも語り継がれている。3年も飢饉が続いた。そのとき何でも味噌で味付けをして食べたという。桐で樽を作っていたが，そのときはその桐のこばを削ってだしに使ったともいう。桐は豊富で1980年（昭和55）ころまでは桐の味噌樽を作っていた。箪笥や下駄も桐で作ったもので，自分たちで作ったりもした。家で女の子が生まれると桐を植えた。そして，嫁にやるときその桐で箪笥を作った。いまは早坂の道路ができて盛岡へつながったので便利になった。

② 葬式の準備

〔知らせ〕 家族が死亡するとすぐに向こう三軒両隣りへ知らせる。その他，死亡を関係者に知らせる役はホトケ（仏＝死者）の身内の者か，身内に準じるナゴ（名子・納子）の者で男性に決まっている。1人が身内で1人がナゴという例も多い。喪家では，両親の実家，主人の実家，嫁の実家，兄弟姉妹，つきあいの深かった友人などに知らせる。知らせに行くと，その家の入口が2つあれば北側の入口から入るのがふつうで，玄関からよりもふだん出入りしているその北側の裏口，勝手口から入る。知らせを受けた家ではホトケ（仏＝死者）の兄弟姉妹は早速身づくろいをして喪家へ顔を出す。まずホトケ（仏＝死者）を拝んでから葬式への手伝いにとりかかる。かつてふつうに家で死んだ場合はよかったが，病院など家の外で亡くなった場合には遺体はけっして玄関からは中に入れなかった。

〔葬具と準備〕 葬儀一切は親族が中心になって行なう。親族を中心に向こう三軒両隣りの者が手伝う。ホトケ（仏＝死者）の兄弟姉妹が中心だが，そのつれあいや親子は手伝いには来ない。とくに人手がなくて頼む場合はある。彼らも葬式には来て香典を出し野辺送りには参加する。カマドが大きければ参加する親族の数も多い。

男性たちの仕事は，木造りと呼ばれる一連の木工細工で，棺，仏こっぱと呼ぶ位牌，一杯飯の篦（しゃもじ），そして，ノバナ（野花），シカ（死花・四花），ハタ（幡），香炉，茶水を載せる盆，七本仏の塔婆などを作る。

棺はふつう松の板で作る。よほどの家でないと檜は使わない。一時，桐の木

を使ったが桐は軽くてよい。が、土へもどすにはやはり松や杉がよいということで松の木がよく使われた。仏こっぱと呼ぶ位牌も作る。仏こっぱは寺へもっていってお布施を納めて戒名を書いてもらう。木の鍬も作る。タイマツ（松明）といって木の棒に真綿を赤いインクで染めたものを付けたものも作る。一杯飯の筬，しゃもじも作る。これは一杯飯を盛るのに1回使ったら割って捨てる。ノバナはアオキという木に色とりどりの紙をつけて花にする。奇数本用意する。シカはシカバナともいい1対作る。子供の死者は赤い紙と白い紙で，大人の死者は金色と銀色の和紙で作る。ハタは2本1対で作る。縦長の長方形の幡で幟の形をしたもので6尺の竹の先に紐がついており，幡の下の両方の端には猿の形をしたものを付ける。赤い頭に紫の体の猿の縫い物で，むかしの人の話では残された家族の幸せを願って全部もって家を去るという意味があるという。申の日には今でも結婚式はしない。このハタは葬列で必ず身内の女性がもつことになっている。コマゴ（子孫）の女の子か，いなければその他身内の女の子がもつ。

〔女性と勝手役〕　葬式の仕事をする女性は身内の女性が中心で，向こう三軒両隣りの家の女性が手伝う。主催者は喪家の主婦である。女性の仕事は勝手役つまり台所役が中心で，死者に着せる白装束を縫う仕事も女性たちの仕事である。白装束は旅路の着物でみんなで縫う。白い晒しの布で着物を，紫の木綿の布で羽織を縫う。麻や絹は避けた。台所の仕事では，「葬式まんまは小豆まんま」とか「粥の汁」などという。葬式には小豆飯を作って食べるが赤飯とか赤い御飯とはいわない。セキとかアカの語は避ける。粥は野菜を何でもあるだけ入れるが7種類，9種類などと必ず奇数にする。そして，小さく短冊切りにする。大根やごぼうや人参など四角のものを四つ切りにすると末広がりの形になるのでそれを避ける。カマドが大きければ参加する親族の人数も多く，食膳の用意の上でその人数を見抜く必要がある。身内の女性の中の主婦であるお勝手の総支配人にとってそれが大変な仕事である。そして，それこそが腕の見せどころでもある。

〔葬式まんじゅう〕　死人が出ると必ず葬式まんじゅうを作る。お勝手ですぐに作る。数は奇数である。彼岸団子と同じようなものだが，小麦粉を蒸して作り中に小豆の餡を入れる。昭和初年ごろまでは小豆のかわりにじゃがいもの餡

を入れていた。

〔一杯飯〕　一杯飯は身内の女性が炊いて作る。サンボンアシ（三本足）と呼ぶ五徳を使い家の軒先から少し外側の場所で炊く。このとき鍋には蓋をしないで炊く。沸き立ってきたら差し水をするが，ふだんは差し水はしない。1粒残さず茶碗に盛る。このとき使ったサンボンアシと鍋は縁の下に隠しておいて1週間は使わない。一杯飯は死者が使っていた茶碗に御飯を盛る。まわりに白い半紙を三角に折ってめぐらす。その半紙には墨で左手で左向きにカタ仮名のシの字を書く。

③　葬　　式

〔遺体〕　死者はザシキ（座敷）などの家の中でも広い部屋，客間などに布団を敷いて寝かせておく。枕元には一杯飯，一本ローソク，線香などがあげられる。布団の上には魔除けの刀か鉈や鎌などの刃物をおく。逆さ屏風が巡らされる。そして，身体が硬くなる前に湯灌の湯を使わせる。それまでホトケが着ていた着物はシニカワ（死に皮）といって焼いて捨てる。ホトケサマ（仏様＝死者）が生のうちはローソク1本，線香1本を枕元に供える。

〔湯灌と死装束〕　息を引き取ると，死に水といって親兄弟が真綿か脱脂綿を割箸に挟んで水を飲ませた。井戸から汲んできた新しい水を飲ませた。そして全裸にして湯を使わせた。早水，逆さ水などといって水に湯を加えて湯加減をしたもので，ふだんは湯に水を加えるが，死者に湯を使わせるときは逆さ水にする。湯灌は死者の子供などもっとも血の濃い者がする。頭から順番に下の方へと洗っていき，拭いてから死装束を着せる。両手を合わせて数珠をかける。数珠はすぐ腐るように杉や松で作ったものを使う。夫が死ねば妻が，妻が死ねば夫が中心になってコマゴ（子孫）がこの湯灌をし死装束を着せる。死者の額には三角の白い半紙を紐に巻いてつける。額にこの白い三角の紙をつけるのはホトケだけで喪主はつけない。

〔納棺〕　納棺も身内の最も血の濃い者が3人か5人の奇数です。ホトケ（仏＝死者）に唾など汚れものが落ちてはいけないといって納棺に当たる者は口に半紙をくわえる。荒縄を帯に巻いて無言です。棺の中には白い紙の袋にかんなくずやおがくずなど腐るものを詰める。納棺に当たった者が着ていた着

物は1週間はしまっておきその後洗い濯ぎをする。棺の蓋の釘は親戚の遠い人から順番に金槌で打つ。最後に顔の近くは夫か妻が打つ。1本の釘は3回で打つ。身内が多いときは1人で1回ずつ3人で打つ。その金槌は1週間は使わない。納棺，入棺してからお通夜で，生のホトケのままではお通夜はしない。

なお，子供の死者の場合も白装束で納棺する。棺は坐棺で紐を交錯させて大人1人で背負うが，必ず死者がかぶさるような向きではなく，死者の背中が背負う者の背中に当たる向きにして背負う。大人の場合，その死者が養子に来た人でその実家の方角に向けて埋めるよう遺言することがあればそのようにした。とくになければ辰巳といって東南の方角へ向けて埋めることが多かった。

〔棺への設え〕 葬式まんじゅうと団子を13，17，23個などと奇数個，むかしは丸く積み重ねていたが，いまは三角に積みあげている。それを1対作り，棺を安置した所の両脇に飾る。位牌，一杯飯，ノバナ（野花），シカバナ，木の鍬，タイマツ（松明）などを飾る。納棺すると，ホトケ（仏＝死者）への初めてのお膳をあげる。そのお膳は，御飯，豆腐汁，こんにゃくと油揚げのいりもの（煮付けたもの），くるみのあえもの，酢の物からなっている。これを葬式膳といい，同じものを参加者みんなも食べる。ただ，ホトケの膳だけは左膳といって御飯を右にお汁を左にしておく。

〔葬式〕 葬式は，太陽をさけて夜明け方とか夕食後の陽の当らぬ時間帯に行なった。1943—45年（昭和18—20）ごろまではそのようにした。朝，小豆まんまのお膳に粥の汁におかずで食事をする。おかずは何でもよい。ただ魚類などのナマモノはいけない。葬式の朝，家ではザシキ（座敷）に棺が安置されて一杯飯，ローソク，線香，ノバナ，シカバナ，死に水といって唇を濡らしたときの茶碗と水さし，お膳のミニチュア，七本仏，塔婆3枚，その他の装具類が並べてある。この葬式のときホトケに食事のお膳をつける。このお膳は誰も食べない。葬式が終わったあと下げてま

図32 七本仏と塔婆

表23　葬列の例（話者たちの記憶による）

1 灯籠(名子・使用人・隣近所・友人など)
2 縄(ホトケがオヤジのときは本家の主人，アカチャンのときは実家の主人・本家なら近い分家の主人)
3 竜(名子・使用人・隣近所・友人など)
4 花(造花，1対ずつで5組とか7組，寺から借りてくる——隣近所・友人)
5 シカ(孫)—盛り物(松をかたどり朝日をかたどり団子を3本の串に刺したもの——一番世話になっている人・近い親戚)
6 線香(友人か隣近所)
7 ハタ(コマゴの娘で若い女の子)
8 七本仏(一番近い分家)
9 塔婆3枚(兄弟姉妹で1人1枚ずつ)
10 木の鍬(外孫)
11 タイマツ(内孫)
12 茶水(ホトケの看護をした身内，兄弟姉妹)
13 香炉(孫)
14 遺影の写真(ホトケが主人のときは三男か四男，いなければ娘婿)
15 位牌(跡取りで長男)
16 棺(コマゴ，コマゴの従兄弟，名子，寺まで遠く重いので替わりの者も用意)
17 色被り(白い晒し布を頭に被ったり片襷に掛けたりしたお供の女性——友人の妻・友人など)
18 撒き団子(団子をつぶしたものに生の米をまぶして笊に入れて途中の辻や寺の山門などで撒く。そのとき南無阿弥陀仏と唱える——女中・下男・使用人。念仏を唱えながら撒くので声のよいそれに向いた人を頼むこともある。年寄りでホトケとつきあいのあった人も)
19 一般の参列者
20 後灯籠(むかしあったがのちには省略——名子・使用人・隣近所・友人など)

とめてどこか適当な所へおいておく。夏は腐るのが早いので畑の隅などへ埋める。住職の読経などがすむと家族と親族が順に焼香をする。そして参加者も焼香をする。住職はそれで帰る。

　〔野辺送り〕　棺を担ぐのは，血の濃い親族でコマゴ（子孫）である。それが少ないときには名子か下男が担ぐ。玄関からではなく縁側から担ぎ出す。家から寺まで行列を組んで行く。葬列の順序とそれぞれをもつ役は表23のとおりである。なお，これらのうち位牌をもつ者，遺影の写真をもつ者，棺を担ぐ者はみんな着物の襟に約5cmくらいの紫か黒の布切れを掛ける。襟の後ろのちょうど背中の真上に当たるところに一部を襟の中に入れ，残りが後ろに垂れ下がる

表24　葬儀役割の例

 1 火縄　　中町(本家)
 2 先灯籠　　遠藤伊助(納子)
 3 伍竜　　工藤仁太郎　佐藤市太郎　佐藤福太郎　佐藤政吉(納子)
 4 野花　　佐藤作次　樋合　玉文(親戚)
 5 線香　　遊野教道　高藤　玉津復之助(親戚)
 6 寄贈　花輪一対　　株式会社　鹿嶋組
　 寄贈　花輪一対　　土建会社
　 寄贈　花輪一対　　南定
　 寄贈　花輪一対　　南伊
 7 盛物　　丸隆　橋場(親戚)
 8 蓮華　　藤田勝二郎　佐和屋(友人)，工藤重三郎(いとこ)　川村恒二郎(甥)
 9 塔婆　　高橋完治郎(兄)　南澤完七(親戚)　玉澤安太郎(甥)
10 七本仏　　高橋新平(実家)
11 旗　　コト子　ヨシ子(姪)
12 死花　　丸屋ナヲ　木村屋政美　南澤毅　佐々木保子(親戚の子)
13 祠堂物　　啓二郎(甥)
14 鍬　　リカ(娘)
15 茶水　　トシ子(娘・長男の妻)
16 香炉　　カノ(娘)
17 枕飯　　良治(二男)
18 位牌　　健(長男)
19 写真　　八重樫礑次(甥)
20 霊柩　　後藤長兵衛　加藤富夫　佐々木与三郎　八重樫信也(納子)
21 天蓋　　佐々木太助(納子)
22 棺側　　八重樫礑次(甥)　木村治三郎　工藤宗七　工藤祐太郎(親戚)
23 後灯籠　　工藤伊之助(納子)
24 墓標　　工藤藤太郎(納子)
25 色被　　上宿　丸屋　小中屋　樋合　樋合カマド　枡や　亀屋　かじや　工重　木村屋　医院　中松屋　小松屋　局長　早鈴　中村屋　佐和屋　橋場　丸石　藤勝(以上，親戚)
26 入棺者　　工藤信夫　コト　不二(親戚)
27 御野礼　　南伊　高橋完治郎　中町(親戚)
28 留守居　　川村こと　玉澤ふじ　八重樫ひで(妻の妹)，工藤市郎　工藤儀三郎　南澤平次郎(親戚)

註1　話者の提供による記録，(　)内の続柄は話者によるメモ。
　2　(表書き)「昭和弐拾壱年拾月三十一日前十時　葬儀式次第　大通　横屋」
　　　(裏書き)「為廣德院祥山賢道禪居士位　　昭和弐拾壱年拾月弐十四日后四時亡
　　　　　　　　　　　　　　　　　　　　　　俗名　工藤完治　享年五十七才」

ように掛ける。これは埋葬のときに一緒に墓穴に入れる。

　これらの役割は，家族や親族がいればそれに越したことはないといい，家族や親族が中心となっている。ここでは，花籠，善の綱はない。また，火葬になって野花の前に蓮華の金銀の造花1対2組がつくようになった。しかし，最近自動車の普及からこの行列を省略して寺の山門前で行列を組んで3回まわるのみとしたり，それさえも省略する例も見られるようになってきている。葬列が寺へ着き山門を入ると庭で時計回りに3回まわる。その後，本堂にあがって正面の本尊が住職や参列者の後背にくるように棺を正面出口の側に据える。住職を中心に背中に本尊，前方に棺，住職の右側に葬列で役に就いた人たち，左側に一般の参列者が並び，住職がお経を唱え引導を渡す。土葬のときは木の鍬を，火葬のときはタイマツをもって住職が棺を上からドンと一つき叩くような所作をする。そして，おはらいをして焼香をする。

　〔土葬〕　こうして式が終わると墓地まで棺を運ぶ。喪主から始めて家族も親族もみんな一握りずつ土を墓穴にかける。後は掘ってくれた者たちが埋める。土を盛り上げただけにしておく。棺を埋めたので土が盛り上がるはずなのに時には土が少なく盛り上がらないこともあり，そのようなときには，「この強欲たれが」といったものだという。欲張りで死んでも土まで持って行くのかと冗談を言って笑ったという。土葬のころは，身内と名子の土葬の役の者たちが5人とか7人というふうに奇数の人数で喪主とともにお墓に行き，まずヤシキトリとかイチブトリといって埋葬する場所を決める。喪主がここにお願いしますといって決める。土葬の役はあくまでも血の通った者で親戚の若い男性が中心となり名子が一緒に手伝う。

　穴掘りの人たちが土を被せてくれた後で，身内と住職とでおさめのお経を唱える。身内が土を盛りなおし茶水，香炉，一杯飯，ローソク，線香をあげ，お膳に半紙に洗い米，団子，水，花をあげる。少しずつ住職がまず洗い米と団子と水をあげ，次に喪主があげ次々に身内があげる。この洗い米と団子はお重に入れて持参する。そのお重は米を少し残しておいて洗わずに1週間ほど朝夕，洗い米と団子を墓に追加していく。米を少し残しておくと寺参りのお重だとわかるという。これら墓地の供え物はカラスやすずめが食べてくれればよい。食べずに残るようだと縁起がよくない。残ったときには初七日の夜に片付けてく

るが，そんなときには新しい仏が出るかもしれないと心配した。カラスは線香のにおいがするので食べないのだともいう。また，位牌をもつ役と棺を担ぐ役の者は葬列ではわらじを履くが，そのわらじは結んで寺にあったガンコドウグ（竈小道具か）と呼んでいた葬送の諸道具を納めていた小屋に吊しておいた。川で鮎などの漁をする人たちがそれをとってきて履くと漁があるといったりした。埋葬した上には七本仏と呼ぶ塔婆3本を立てておくが，それを欠いて持っていると魔除けになるとか勉強がよくできるようになるといったりもした。なお，木の墓標は盛土の真ん中ではなく棺の後ろあたりに立てる。

〔火葬〕　戦前までは土葬だった。戦後，火葬になった。火葬が義務づけられた。戦前までは伝染病の場合だけ火葬していた。戦後の火葬は露天で焼いた。楢薪を積んで濡れた筵を掛けて日暮れに火を付けて一晩かけて身内や名子が酒を飲みながら焼いた。棺に火がまわると死体が手足を伸ばして外へ出てくることもあった。名子がいない場合にはお金を出して火葬の手伝いの人を雇った。この火葬の役は身内やそれに準じる名子の役で，隣近所の家ではなかった。戦後，最初の火葬は1947年（昭和22）の三国信子さんの母親のときだったと記憶されている。

〔墓地〕　墓地は寺にある。岩泉の寺は曹洞宗洞沢山雲岩寺でほとんどの家がその檀家である。その寺の墓地の使用権を買うかたちで毎年宗旨金の名目で2000円納めている。寺へ納めるものとしては，3月と9月の彼岸に団子を7個納めた。その団子は中に小豆の入っているものだった。しかし，2，3年前にそれは止めた。盆と正月にはまた別にお金を納める。盆には御施食料，正月には御斎米料といってそれぞれ家に見合った額のお金を納めている。ふつうは5000円から1万円，多い家では5万円から10万円の家もある。

むかしは寺の墓地ではなく，自分の家の屋敷の内とか畑の隅に西とか南とか方角をみて埋めていた。だからあちこちに墓石があった。それを昭和になって掘り起こしてまとめて雲岩寺の墓地へ移して供養をした。いまでも畑の中に墓石があるのをよく見かける。屋敷や畑の中に埋めてあれば寺へ行かなくてもお参りできるとか，寺へ行かなくてもよいので葬式代もかからぬといったものだという。

④ 供　　養

〔家の祭壇〕　野辺送りの葬列が出た後，家に残った者たちは祭壇を作る。親戚や兄弟姉妹も何人かは家に残る。出棺のあと部屋に塩をふって清めとしたあと藁箒で掃き出して掃除をする。そのあとで祭壇を作る。寺や部落で3段とか5段の祭壇が用意してありそれを借りてくる。位牌は長男が持って墓地から一足先に帰る。位牌を最上段に安置して小豆の餡の入った団子（まんじゅう）と小さい団子を1対ずつ供える。ここではまんじゅうを団子という。身内がそのほかにも餅，うどん，ソバ，果物，花などを供える。そして，1週間は毎日，3食とも家族と同じ膳を供える。その膳は下げておいてまとめて埋めたり，むかしは川に流したりした。

〔寺と住職〕　寺の住職は葬式当日に初めて喪家にくる。死後すぐの枕経というのはない。寺の住職は葬式が終われば寺へ帰る。お供に喪家の身内の者を1人つける。このとき「百か日までの御飯」としてサンゴクマイ（三石米）を死人に持たせるといって伴の者が寺へ持参する。中身は晒しの袋に米1升だが，それをサンゴクマイという。桝に1升入れておいてそれを小皿で逆手にもって「三石」「二石」「一石」と声に出しながら晒しの袋に入れる。これを何人でもいいから大勢でやる。その中に死人の名前と年齢（数え年）を半紙を，半分に切ったものに書いて年齢の数ほどお金を入れる。一文銭でよい。15歳なら15銭，36歳なら36銭，今なら70歳なら700円とか7000円である。住職は寺に帰ってそれを開けてみて名前と年齢を確認してから，七本仏の塔婆に「享年何歳」と書き入れる。塔婆のその他の文言はそれまでに書いてある。

〔位牌〕　墓地への埋葬後，位牌は家へ持ち帰る。寺の位牌堂には各家ごとの位牌が納められている。その位牌が多くなると死者の名前は位牌帳に記入されていく。百か日までは寺に3石の米を納めてあるので寺で家ごとの位牌へミニチュアのお膳をあげてくれる。

〔親子〕　親が子を亡くしたり子が親を亡くすと1週間は髪をとかさない。髪をとかすとそのもつれ毛に死者の魂が旅立ちたくないと名残を惜しむからだという。女性は1週間は手ぬぐいをかぶって暮らした。

〔法事〕　法事は七日，七日に行なう。初七日，二七日，三七日，三十五日，四十九日，百か日と，寺にある墓地へ洗い米と小さな団子をもって井戸水を汲

んで墓参りをする。半紙を敷いて墓前に供える。供物はカラスが食べる。早くカラスが食べればよい。カラスも食べずにいつまでも供物が残っているようだと次の新しい死者が出るという。実際にそうして死んだという人の例もあるという。戦争末期には食糧難から貧しい人たちが隠れてそれを食べていたこともあったという。

3　血縁から地縁へ

(1) 葬儀の担い手

このような日本各地の葬送習俗の調査と分析の中から指摘できる点の1つが，本章の冒頭でも述べたように，葬送の儀礼と作業の執行の上での分担者につい

表25　葬儀の担い手(埼玉県新座市大和田の事例)——人々の葬送儀礼への関与と作業分担

血縁	地縁		(社縁)	無縁
家族・親族	クミ・ムコウサンゲンリョウドナリ	講中	友人・仕事仲間その他	僧
末期の水 北枕 枕飯・枕団子	諸役手配 帳場・死に使いなど	葬具作り		
(親戚からは香奠)	クミからのお金	シッセニ	香奠	
湯灌 納棺	台所仕事			
通夜(夜トギ)	通夜(下働き)		通夜	通夜(読経)
葬式 野辺送り (白装束)	葬式 勝手念仏	葬式 野辺送り (ふだん着) 床取り 講中念仏	葬式 野辺送り (喪服)	葬式 十三仏供養
ひと七日 四十九日 一周忌 三十三回忌	ひと七日 四十九日 一周忌			ひと七日 四十九日 一周忌 三十三回忌

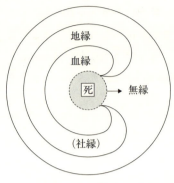

図33 死をめぐる「縁」の模式図

て、A血縁（血縁的関係者＝家族・親族）・B地縁（地縁的関係者＝近隣組・講中）・C無縁（無縁的関係者＝僧侶）の3者に分類できるということである。近年ではBに社縁（社縁的関係者＝学校・会社・役所・結社・団体など）を加えること、そしてCに葬儀社や火葬場の職員を加えることが必要となってきており、それが現在の実態に合致している。そのような変化も含めてこの葬送関与者についての「A血縁・B地縁/社縁・C無縁」という3者分類は有効であると考える。Aは、生の密着関係が死の密着関係とみなされて死者にもっとも密着した存在とみなされ、湯灌や納棺など直接死体に接触する作業に当たる。Bは、社会的な相互扶助の関係者として、葬具作りや台所の賄いなどの実務を執り行なう。Cは葬儀の職能者であり、伝統的には宗教的職能者としての僧侶などがそれであったが、近年では葬儀社や火葬場の職員も世俗的職能者としてこれに位置づけられる。

　そして、実際の葬儀での作業について、Aの担当と想定される死体へ直接的に接触する作業をあげてみれば、それは次の8つである。

　⑴遺体安置　　　⑵湯灌　　　⑶死装束作り　　　⑷納棺
　⑸棺担ぎ　　　⑹土葬の場合の穴掘りと埋葬　　　⑺火葬の場合の火葬
　⑻遺骨拾いと納骨

　そして、これまでの日本各地の民俗調査で実際にほとんどの事例において、Aが担当していることが確認されているのが、⑴⑵⑷⑻の4つである、そして、残りの⑶⑸⑹⑺が、Bの担当という例が一般的である、なかにはAとBの両者が一緒に担当するという例もある、というのが通常の理解であった。しかし、1980年代から90年代の筆者の調査体験から、実際には⑶⑸⑹⑺もAの担当であるとしてきている例が少なくないことがわかってきたのである。ここで例示した4つの事例で確認してみると以下のとおりである。

　事例Ⅰ：広島県山県郡旧千代田町（現北広島町）本地の事例では、アタリと
　　　呼ばれる隣近所の数戸と講中と呼ばれる十数戸が葬儀の中心的な作業を死

表26　1960年代から90年代への変化

1．湯灌の担当者

	1960年代	1990年代
A	49	30
AB	2	0
B	0	0
AC	0	1
C	2	20
行わない	0	3
未記入	5	4
合　計	58	58

2．死装束作りの担当者

	1960年代	1990年代
A	31	5
AB	2	0
B	8	5
C	10	34
本人が用意	3	7
特になし	0	5
未記入	4	2
合　計	58	58

3．入棺の担当者

	1960年代	1990年代
A	48	45
AB	2	1
B	1	0
AC	1	5
C	1	4
未記入	5	3
合　計	58	58

4．葬具作りの担当者

	1960年代	1990年代
A	7	3
AB	2	0
B	36	15
BC	1	5
AC	0	3
C	9	31
未記入	3	1
合　計	58	58

5．遺体処理の方法の変化

	1960年代	1990年代
土葬	30	6
火葬(伝統的)	25(12)	51
未記入	3	1
合　計	58	58

註　表の数字は事例数。
　1．～4．＝A：家族・親族(血縁)，B：地域共同体(地縁)，C：職能者(無縁)。
　5．＝土葬(1960年代)30例のうち，穴に刃物(10例)，穴番・煙(4例)，柴などの覆い(3例)。

亡当日の最初から最後まで執行し，家族や親族は一切手出しをせずに死者に付き添うのみである。(3)だけはAの役割だが，(5)(6)(7)はすべてBの役割である。

事例Ⅱ：山口県豊浦郡（現下関市）豊北町角島の事例では，死亡当日の第1

日目だけは葬儀の準備をすべてAの家族と親族とで行ない，2日目からBの隣近所の数戸と講中と呼ばれる二十数戸が葬儀の中心的な役割を分担する。この事例でも(3)だけはAの役割だが，(5)(6)(7)はすべてBの役割である。

事例Ⅲ：新潟県中魚沼郡津南町赤沢の事例では，Bの近隣集団よりもAの家族や親族が中心となって葬儀を執行し，火葬や埋葬は必ずAの死者の子供が中心となって行なう。

事例Ⅳ：岩手県下閉伊郡岩泉町岩泉の事例では，葬儀一切はAの家族と親族が中心になって行ない，Bの向こう三軒両隣りはそれを手伝うだけである。

事例ⅣがもっともAの血縁的関係者中心のタイプで，事例ⅠがもっともBの地縁的関係者中心のタイプで，それぞれ典型的で代表的な事例である。そして，事例ⅢがAの血縁的関係者中心のタイプに近いがやや緩やかなタイプ，事例ⅡがBの地縁的関係者中心的なタイプに近いがやや緩やかなタイプ，と位置づけられる。

（2） タニンを作る村・シンルイを作る村

日本各地に伝承されてきていたこのような葬送習俗における変化形の存在はいったいどのような歴史を反映しているのであろうか。かんたんにいえば，葬儀を執行するのは身内なのか他人なのか，という問題である。そこで，もう1つ注目されるのが，葬儀においてわざわざシンルイを作るというタイプの事例と，その逆にタニンを作るというタイプの事例の存在である。葬儀に当たってわざわざタニンを作るという習俗が存在するのである。民俗伝承に対する比較研究の視点からそれに最初に注目したのは関沢まゆみであった[23]。その関沢が取り上げたのは福井県敦賀市白木の事例であった。

事例Ⅴ：福井県敦賀市白木――タニンを作る村

福井県敦賀市白木は，近世以来長く分家制限を行なっており，現在も15戸だけで村が構成されている。長い間村内の結婚が繰り返されてきたため，白木の人たちは，「先祖をたどればどの家とも血がつながっており，みな親戚どうしだ」という。村中が親戚関係にある15戸は，自分の家に対して他の14戸との関

係をオモシンルイ（主親類），コシンルイ（小親類），タニン（他人）の３種類に分けている。オモシンルイは村内の結婚で結ばれておよそ４代目までの家で５代目以降はコシンルイになるケースが多い。一方，タニンには，「ほんまの他人で，血筋でつながらない」家もあるが，実際には血筋がつながっている従兄弟どうしの場合でも「家ごとのしきたりとしてタニンになっている」という例も少なくない。家ごとの相互理解によりタニンは「つくるもの」とされているのである。具体的には表27にみるとおりである。A欄からみて１の家にとっては２の家は△でコシンルイだが，２の家にとっては１の家は×でタニンであるというように，家と家との関係がおたがいに対応していない。つまり，オモシンルイ・コシンルイ・タニンというのは，A欄とB欄とで相互的な家の関係を表す言葉ではなく，A欄の１から15までのそれぞれの家からみてB欄の他の１戸ずつとの関係を表すだけの語である。相互的ではなく一方的な位置づけになっている点が特徴である。

表27 白木のオモシンルイ・コシンルイ・タニンの関係——A欄の家番号からみた主親類・小親類・他人の関係

註　数字：家の整理番号。
◎：主親類，△：小親類，×：他人。
本文にも述べているように家と家の関係が対応していない場合もある。

　なぜ，タニンを作るのか。それは葬儀で棺担ぎと火葬で遺体を焼くオンボ役をやってもらうためだという。1977年（昭和52）ごろから敦賀市内の市営火葬場を利用するようになるとともに葬儀社の利用も始まったが，それ以前の葬儀では村はずれのサンマイと呼ぶ火葬場で遺体を焼いていた。サンマイではシツボ（死壺）を掘って土台木を２本渡してその上に棺桶を載せて松の木で焼いていた。このオンボ役こそがタニンのしごとであった。近隣の美浜町菅浜や敦賀半島の縄間や立石では，親の葬式での墓穴掘りや棺担ぎの役は子供がするものだといっており，「菅浜では葬式は親と子だけでする。最後の別れだから親と子だけでするのが本当だと思う。白木のようにタニン任せにするのはおかしいと思う」という人も少なくない。

　つまり，この敦賀市域では遺体に接触する役である棺担ぎや火葬や埋葬は血

筋のつながる身内の者が当たるべきだというかたちが多く存在するなかで，その一方，この白木のように血のつながる親戚関係の者の中からわざわざタニンを作ってその役に当たってもらうというかたちができてきているのである。それはもともと棺担ぎや火葬や埋葬は血縁的関係者が当たるかたちであったのが，そうではなく地縁的関係者が当たるべきだという新たな考え方が起こってきてからのことと考えられる。実際には血縁的関係者なのに，地縁的関係者になってもらうことによってその役を担ってもらうことができる，という考え方は，まさに血縁以外の人に依頼すべきだという考え方が新たに起こってきたからこその工夫であったと考えられるのである。

　この白木のようなタニンを作るという例とは対照的に，逆に葬式のためのシンルイを作るという例が一方にはある。葬式のために他人にソーレンシンルイ（葬礼親類）になってもらうというしきたりを伝えている村である。そのような例の一つが滋賀県蒲生郡竜王町綾戸である。

　事例Ⅵ：滋賀県蒲生郡竜王町綾戸——シンルイを作る村

　綾戸はこの一帯の33ヵ郷の荘園鎮守社として古い由緒を伝える苗村神社の地元の72戸の村落である。古くから神聖性と清浄性とが要求され，それが強調される苗村神社の地元の集落であることから，集落内に死穢の充満するような埋葬墓地を設けることができずに，綾戸では古くから隣りの田中という集落に借地して埋葬墓地をそこに設営して利用してきた。その綾戸の集落は一部には血縁的な本家分家関係や姻戚関係の家もあるが，ほとんどはそうではなく地縁的な関係の家々からなっている。近畿地方の村落では血縁的な同族集団の家々によって構成されているタイプの村落ではなく，この綾戸のように地縁的な家々によって構成されているタイプの村落が多いのが一般的傾向である。そして，そのような場合でも，葬送の儀礼や作業においては集落内の相互扶助によって棺担ぎや墓穴掘りや埋葬の役が近隣の家々の間で回り当番によって担当されている。筆者の1970年代の民俗調査，主として両墓制事例の民俗調査のなかでも，たとえば京都府旧綴喜郡田辺町打田の事例では近隣の回り当番での墓穴掘りや埋葬の役が決められていた。しかし，その当番に当たっていわゆるオンボ役の墓穴掘りや埋葬の役をつとめてもらった人たちに対しては，喪主とその妻が墓地からの帰り道の路傍で荒筵を敷いて土下座をして彼らにお礼の挨拶をするの

がしきたりであった。また、そのようなオンボ役をしてもらった人たちには、その作業のあとでまずは風呂に入ってもらい、上座に座ってもらってお酒とごちそうとでもてなすのがきまりだという例が近畿地方の村々ではひじょうに多かった。墓穴掘りや埋葬はそれほど重い役であると位置づけられていたのである。しかし、この綾戸ではそのような土下座や風呂浴びや酒席の接待のしきたりはない。それは逆にシンルイになってもらっていることでクリアされているのではないかと推定できる。

表28 綾戸のソーレンシンルイの例（安井武家と安井幸彦家の例）

No. 36 安井家 安井武	18	松井良夫	母親の実家
	35	西村巳千治	No. 18が親元
	37	勝見和夫	（縁故不明）
	38	西村利和	〃
	45	安井幸彦	本家
	58	田中義一	姉の嫁ぎ先
	62	小野定親	同じ定紋。No. 45が本家
	64	勝見清一	No. 18の兄弟
No. 45 安井家 安井幸彦	7	福田茂	甥
	17	松井隆	（縁故不明）
	19	並川清	〃
	29	勝見正	〃
	34	布施元一	〃
	36	安井武	新家
	44	安井正親	弟
	47	勝見明雄	隣人
	49	安井養治	（縁故不明）
	52	勝見正男	〃
	54	勝見総一郎	〃
	57	勝見貞夫	〃
	59	勝見健男	〃

註　数字は調査時の家の整理番号。

具体的な綾戸のソーレンシンルイの関係の例を示せば、表28のとおりである。72戸のそれぞれにソーレンシンルイとしてのつきあいができている家が決まっているのだが、それらには血縁関係の家もあるが、そうではない縁故不明の他人が多く含まれている。そして、ソーレンシンルイは近隣関係の家々でもない。また相互的な関係でもない。前述の白木のタニンと同様に個々の家ごとに作られている関係であり、その編成は村落運営のレベルでなされたものではなく、個々の家ごとに過去のいつかの世代に結ばれた依頼関係によってなされてきたものである。人びとは「理由はわからないが、代々そうなっている」といい、葬儀のときには「大事なお方」だといっている。ソーレンシンルイのしごとの中心は葬儀の手伝いであり、とくに埋葬墓地サンマイでの墓穴掘りと遺体の埋葬である。最近では公営火葬場を利用する火葬になったので埋骨するだけの約30cm四方の穴を掘るだ

けとなったが，かつては棺を埋める大きな穴でなるべく深く掘ってもらっていた。ただし，掘るさいには必ずサンマイまで喪家の主人がついて行き，掘る場所を指定した。サンマイは完全な共同利用で家ごとの区画はなかった。それで埋葬のつど古くなった場所など適当な地点を選んだ。ソーレンシンルイの中の墓穴掘り役の３，４人はむやみにスコップを下ろしてはならなかった。必ず喪主が指定し依頼した場所にスコップを下ろし，いったんスコップを下ろしたらそこから決して場所をかえてはならなかった。

　この近江の一村落，綾戸に伝えられている，埋葬地点は必ず喪主が指示し決定するというのは，墓地を死穢の場所として極端に忌避するということを徹底させてきているこの綾戸の習俗としては，一見するとたいへん奇妙なしきたりである。しかし，民俗の全国比較の視点に立ってみるならば，前述の１.（５）で紹介した陸中安家村の喪主によるヤシキトリの慣習とのあいだに一定の共通点があることに気づく。それは葬送における喪主の役割である。この２つの小さな共通点は，日本の葬送民俗の長い歴史のなかではたがいに地下水脈ではつながっている可能性があるのである。柳田國男が提唱した全国規模の幅広い民俗の情報蒐集とそれらの比較の視点の斬新性と重要性とが，いまさらながらおそろしく深い洞察力に裏づけられたものであったことに驚かされるのである。この綾戸の葬儀ではいちばん死穢に触れることとなる埋葬の作業はソーレンシンルイに頼むとしても，野辺送りで棺を運ぶ輿を舁くのは従兄弟などの血縁関係者であり，葬儀の重要な役はやはり血縁関係者が当たるべきだという考え方が残っている。つまり，本来は血縁関係者が担当するはずの棺担ぎや墓穴掘りや埋葬という遺体に接触する重い役，ふつうは忌避されるような役が，シンルイになってもらっていることによってクリアされている，という工夫が見出されるのである。

（３）　家族のつとめ

　死体は腐乱と汚穢　人間は生きているうちはきれいだが，死んだら汚くなる。死体は気味の悪いものである。直接体験してみれば誰にでもわかる。放っておけば体内に残っていた糞尿も出るし血液も体液も出てきて，汚くてその始末に困る。そして腐乱が始まり，腐臭もただよいはじめる。汚く穢れたもので，誰

も本当はさわりたくないものである。

しかし，放ってはおけない。それをきれいな状態に保っておき，その死を悼み，一応の別れの儀式をして区切りをつけ，その後に埋葬したり火葬してあげる役目を果たすのは，ふつうに考えれば，その死者にもっとも親近感をもつ人たち以外にはありえない。だから，民俗伝承の上で，A＝葬儀は家族と親族が中心となって執行するというタイプと，B＝葬儀は隣近所や講の家々の互助協力によって行なわれるというタイプと，その両者があるというこのような現実に対しては，実際の民俗調査でいくつかの死と葬送の現場に立ってみれば，Aが生存的な自然的な関係からみて基本であり，Bが文化的で社会的な展開であるということが理解できる。死体の処理には労働の負担が必然である。Aはそれが自然のつとめだと考えられている。そしてその労働負担はもちろん無償である。それはそれぞれの社会で当然のこととみなされているから

図34　九　相　図

である。Bはそれが自然のつとめではなく社会的なつとめだと考えられている。その労働負担は無償ではない。金銭の支払いはないが相互扶助の原則のもとに相応の労働負担を返しあう仕組みができていて，それが繰り返されている。それらに対して，Cはもちろん有償である。Cには特別な知識と技能とがあるか

図35　A血縁とB地縁の比重の事例差

らである。その有償に見合うほどの死者を送る荘厳が設営されるが，金銭や物品の支払いが行なわれることによってその感謝の気持ちにともなう縁，つまり社会的関係という縁の接続を切断している。だから，Cは無縁の立場の人たちだと位置づけられるのである。これらの位置づけを図示するならば，図35に示すとおりである。

A血縁からB地縁への変化　そうしてみると，Aの担当が無償で自然的なもの，Bの手伝いが有償で労働負担の相互交換という社会的なもの，Cのサービスは有償で経済的かつ文化的なもの，と分類できる。そうであれば，上記の事例Ⅰ，事例Ⅱ，事例Ⅲ，事例Ⅳを比較してみると，もっとも自然で基本的なかたちというのは，むしろこれまではめずらしいタイプと思われていたAが主に担当する事例Ⅳや事例Ⅲが伝えているかたちであり，すべてBの担当という事例Ⅰはむしろ社会的な制度化が進んだ段階でみられるようになった新たなそしてむしろ極端なかたちであると考えられる。事例Ⅱで死亡当日だけは家族や親族が担当するというのは，Bの担当へと制度化されながらももともとはAが担当すべきものだという考え方が残っていて，そのようなかたちが伝えられているものと考えることができる。

　そして，前述のようにシンルイを作る事例Ⅵの竜王町綾戸のような事例は死穢を発する死体を埋めるような人が嫌がる仕事はシンルイになってもらうことによってお互いに頼みあえるというかたちが工夫されているものと考えられる。死体の処理は実際はBが担当しているのに考え方としてはAがするものだという考え方が残っているタイプである。一方，タニンを作る事例Ⅴの敦賀市白木のような事例は実際はAが担当しているのに考え方としてはBが担当するべきだという考え方が新たに起こってきているタイプである。Ⅵの綾戸の事例の方がまだAが担当するものだという考え方が残っている過渡期の事例であり，Ⅴの白木の事例の方がBが担当するものだという考え方に変わってきている過渡期の事例であると考えられるのである。

重出立証法の有効性　こうして日本各地の葬送事例を比較研究の視点でみてみるならば，古いかたちのA血縁的関係者が主として担当するという事例から，新しいかたちのB地縁的関係者が主として担当するという事例まで，その両極端な事例が存在しながら，その中間的な事例も数多く存在するというこ

とがわかってくる。つまり，A 血縁から B 地縁へ，という歴史的な変化を示すその段階差がそれぞれの事例の中に伝承されてきているのである。このようなとらえ方が，柳田國男が「民間伝承の学」の視点と方法として力説した重出立証法であり，それに学びさらに継承発展させようとする私たちや若い次世代の研究者が学ぶべき視点なのである。

　日本民俗学（伝承分析学）の重出立証法というのは文献史学（狭義の歴史学）の単独立証法と対比される方法であり，日本各地のなるべく多くの事例情報を調査蒐集して分類し整理してそれが発信している歴史情報を読み取ろうとする方法なのである。柳田が提唱したもう一つの比較研究の視点と方法である方言周圏論は民俗の分布に注目して，「遠方の一致」などにその意味を見出そうとしたものであったが，この重出立証法というのは必ずしも分布の傾向性を根拠として論じるものではない。地域ごとの事例差のなかに歴史的な変遷の段階差を読み取ろうとする方法なのである。

　（4）　古代・中世の記録にみる親族による葬送

　このような現代の民俗情報に対して，その意味を考える上では，歴史的な情報にも注目してみる必要がある。なぜなら民俗とは伝承 tradition であり，現在的な情報であると同時に歴史的な背景を背負った情報でもあるからである。ただし，古代・中世の一般庶民の葬送の実際や実態に関する記録情報は少ない。わずかに往生伝の類や仏教説話の類などの中にいくつかの参考情報がある程度である。文献史学の立場からいえば，それらはしょせん第 2 次史料，第 3 次史料のレベルのものでしかない。民俗学にとっても歴史を語る上では参考資料に過ぎないレベルのものと位置づけておくしかない。

　しかし，具体的な葬儀の詳細な実例情報の記録が欠乏しているという現状からすれば，あくまでも参考情報にすぎないと自覚しながらもあえてそれらに注目してみることも必要であろう[24]。たとえば以下のような記述が知られている。まずは平安時代後期の長承元年（1132）成立とされる三善為康の『拾遺往生伝』の記す例である。

　史料 1：『拾遺往生伝』巻中第26話「下道重武者，左京陶化坊中之匹夫也。
　　（中略）宅無資貯，又無親族，死後屍骸，誰人収斂乎，遺留妾児旁有労」

史料2:『拾遺往生伝』巻上第19話「汝是寡婦,争斂死骸,為省其煩,故以離居」

これらによると,史料1では,「宅無資貯,又無親族,死後屍骸,誰人収斂乎」,「遺留妾児旁有労」とあり,史料2では,「汝是寡婦,争斂死骸,為省其煩」とある。つまり,資財や親族がない場合には誰も死骸を収斂してはくれないということが知られる。出家した僧侶の場合は親族はないが,それに代わる弟子や資財が葬送には必要であり,在家の一般庶民の場合には親族や資財が必要とされており,それらは死骸の処理と葬送の執行の上では必要最小限の一定の負担とされていたことがわかる。

次に,やはり平安時代後期,保安元年(1120)以降で12世紀前半の成立とされる『今昔物語集』の記す例である。

史料3:『今昔物語集』巻24第20話「其女父母モ無ク親シキ者モ無カリケレバ,死タリケルヲ取リ隠シ棄ツル事モ無クテ,屋ノ内ニ有ケルガ,髪モ不落シテ本ノ如ク付タリケリ」

史料4:『今昔物語集』巻28第17話「(死んだ僧が)貧カリツル僧ナレバ,何カガスラムト推量ラセ給テ,葬ノ料ニ絹,布,米ナド多ク給ヒタリケレバ,外ニ有ル弟子童子ナド多ク来リ集テ,車ニ乗セテ葬テケリ。(中略)□ガ葬料ヲ給ハリテ,恥ヲ不見給ヘズ成ヌルガウラヤマシク候也。□モ死候ヒナムニ,大路ニコソハ被棄候ハメ」

史料3では,親族がいなければ誰も死骸は処理せずに死後は放置される,史料4では資財があれば立派に死骸が処理され葬送が行なわれる,ということがわかる。

次に,鎌倉時代後期の弘安6年(1283)の成立とされる『沙石集』の記す例である。

史料5:『沙石集』巻1第4話「母ニテ候モノノ,悪病ヲシテ死ニ侍リケルガ,父ハ遠ク行テ候ハズ,人ハイブセキ事ニ思ヒテ,見訪フ者モナシ。我身ハ女子ナリ。弟ハイヒガヒナシ。只悲シサノ余ニ,泣ヨリ外ノ事侍ラズ」

次に,鎌倉時代末期14世紀初頭の成立とされる『八幡愚童訓』の記す例である。

史料6:『八幡愚童訓』乙 下巻第3話「我母にてある者の今朝死たるを,此身女人也,又ひとりふどなれば送るべきにあらず,少分の財宝もなければ他人にあつらへべき事なし。せんかたなさのあまりに立出たる計也」

史料7:『八幡愚童訓』乙 下巻第4話「近来備後国住人覚円と云し僧,大般若供養の願をたてて当宮に参宿したりしが,世間の所労をして死にけり。無縁の者なりければ実しき葬送なんどに及ばずして,さかが辻と云所に野すてにしてけり」

史料6からは親族がなく財宝もなければ他人に葬送を依頼することはできない,史料7からは親族がいなければ野棄てにされる,ということがわかる。このような類の葬送関係の記事は他にも散見されるが,少なくとも以上のように,古代・中世の社会では一般的に,死と葬送は親族の負担で処理されるのが当然であり,それがなければ資財をもって他人に依頼することもありえた,しかし,そのいずれもがないような場合は「野棄て」にされるのもしかたないと考えられ,実際にそのような例も少なくなかった,ということが推定されるのである。

(5) 近世における地縁的な組織,講中の形成

このような古代・中世のわずかな文献情報からの推定ではあるが,民俗伝承のなかで先にあげた事例Ⅰから事例Ⅳまでのような変化形が存在するということは,葬送の主たる執行者がもともとは血縁的関係者が中心であったというのが古い形態であり,その後に地縁的関係者の協力というかたちが歴史的に形成されてきたのではないかということを想定させる。では,冒頭の事例Ⅰの広島県山県郡北広島町の旧千代田町域の事例のように,死亡の直後から火葬と納骨など葬送の終了までのいっさいの作業を近隣集団の手に委ねるという,いわば極端な地縁中心的な方式が実現してきているその背景には何があったのか,その点について追跡してみることにしたい。

安芸門徒の講中と化境 広島県西部の旧安芸国では俗に安芸門徒と呼ばれるように浄土真宗西本願寺派の門徒寺とその門徒が圧倒的に多い。その歴史的な背景としては,『芸藩通志』[25]が伝えるように,もともとの浄土真宗寺院に加えてもとは禅宗など他宗の寺院であったものの転宗がさかんに行なわれたことが考えられる。山県郡では近世に浄土真宗寺院となっていた47ヵ寺のうち,30

表29 旧千代田町(北広島町)本地の寺檀関係

村名	寺院名	門徒数	寺院系統	備考
高田郡横田村	敬覚寺	4	光照寺系	
〃 多治比村	長楽寺	10	〃	
〃 多治比村	教善寺	3	仏護寺系	
〃 上根村	善教寺	7	〃	
高宮郡下町屋村	西光寺	22	〃	
〃 中嶋村	超円寺	1	〃	
沼田郡相田村	正伝寺	11	〃	十二坊
広島寺町	報専坊	107	〃	
〃	仏護寺	10	〃	
〃	元成寺	7	〃	十二坊
〃	円龍寺	4	〃	〃
〃	徳応寺	2	〃	〃
〃	正善坊	3	〃	〃
山県郡本地村	浄楽寺	57	〃	
〃 本地村	浄専坊	45	〃	
〃 本地村	専教寺	31	〃	
〃 木次村	光雲寺	2	〃	
〃 南方村	浄徳寺	1	〃	
〃 有田村	光明寺	10	〃	
〃 壬生村	教得寺	3	〃	
〃 今田村	報専寺	4	〃	
〃 寺原村	西光寺	14	〃	
〃 蔵迫村	勝龍寺	16	〃	
〃 中山村	円光寺	1	直参系	
〃 大朝村	円立寺	6	〃	
〃 岩戸村	明円寺	1	〃	
〃 阿坂村	安養寺	1	仏護寺系	
石州邑智郡鱒淵村	高善寺	1	不明	

ヵ寺はもとから浄土真宗であったが、その他の寺のうち12ヵ寺は禅宗から、2ヵ寺は真言宗からの転宗である。その転宗を促進したインパクトとして沖野清治は次の4つをあげている[26]。

(1)16世紀後半以降圧倒的な支配力をもっていた戦国大名の毛利氏が石山本願寺と織田信長との間のいわゆる石山合戦において石山本願寺を支援したこと、(2)寺伝で永正年間に三次市域から高田郡原田村、高田郡船木村へと坊を移したと伝える浄土真宗の有力寺院照林坊が本願寺教団の一員としてこの地域で組織的な活動を展開したこと、(3)この地方で圧倒的な支配力をもっていた毛利氏と吉川氏という二大領主が関ヶ原の合戦(1600年)の後、それぞれ長州の萩へ防州の岩国へと転封されてこの地にいなくなったこと、(4)福島正則の広島入封(1601年)とそれにともなう慶長検地の執行により旧来の寺院がその寺領を没収されたこと。

以上の4つのインパクトが断続的に起こったことが他宗寺院の浄土真宗寺院への転宗の契機となったと論じている。筆者も基本的にこの論考を支持するところである。

そうして圧倒的な浄土真宗地帯となっていったこの地域の寺院と門徒との関

表30　旧千代田町（北広島町）壬生の寺檀関係

村　　名	寺院名	門徒数	寺院系統	備　　　　考
広島寺町	報専坊	130	仏護寺系	十二坊，もと安北郡勝木村に寺院があった
〃	真行寺	7	〃	十二坊，もと安北郡上町屋村に寺院があった
山県郡壬生村	教得寺	73	〃	
〃　寺原村	西光寺	9	〃	
〃　今田村	法専寺	47	〃	
〃　中山村	円光寺	48	直参系	
〃　蔵迫村	勝龍寺	79	仏護寺系	もと寺原村に寺院があった
〃　有田村	光明寺	20	〃	
〃　本地村	浄専坊	7	〃	
〃　本地村	浄楽寺	6	〃	
〃　本地村	専教寺	2	〃	
〃　大朝村	円立寺	5	直参系	
〃　有田村	大福寺	8	仏護寺系	
〃　吉木村	善定寺	2	〃	
高田郡横田村	敬覚寺	51	光照寺系	
〃　多治比村	長楽寺	6	〃	
〃　下根村	光慶寺	4	仏護寺系	
佐伯郡五日市村	光禅寺	2	〃	十二坊，もと山県郡境に開基
高宮郡上町屋村	専立寺	3	〃	

係の上での大きな特徴は，家ごとにみればそれぞれの門徒寺が遠隔地に存在しており，地域ごとにまとまっていないという点である。たとえば，表29や表30にみるとおりである。表29の本地村の例では，地元の寺である浄楽寺，浄専坊，専教寺という3ヵ寺の門徒もそれぞれ57戸，45戸，31戸とあるが，それ以外の遠隔地の寺院の門徒もひじょうに多い。数の上でも広島寺町の報専坊の門徒は107戸というほどの多さである。表30の壬生村の例でも，地元の教得寺の門徒は73戸にとどまり，壬生以外の蔵迫村の勝龍寺の門徒が79戸，広島寺町の報専坊の門徒が130戸にのぼっている。このような門徒寺と門徒とのあり方では門徒の活動は地域社会の活動とは遊離したものとなってしまう。門徒寺と門徒との関係が地元の家々の日常的な地域社会の活動と連繋することはできない。門徒組織と村落組織とが一致していないからである。そこで，工夫されたのが化境（けきょう）という制度であった。それぞれの家が結んでいる遠隔地の門徒寺との寺檀関係とは別に，近世になって形成されてきた地域的な講中の組織をあらためて地

図36　浄円寺

元の寺院の化境として把握するという方式が採用されたのである。地元の寺が「化境寺」としてそれぞれの地区の家々を「化境下」として把握していくのである。それは村落組織でありながら信徒組織として形成されてきていた講中の組織を地元寺院が化境下として把握しなおすものであった。それにより，村落組織が信徒組織として把握され，家々からみれば講中，寺からみれば化境もしくは化境下ということになっていったのである。その講中の活動は，日常的には毎月1回の宿を決めてのお寄講と年に1回の報恩講，そして最大の役割が葬儀のさいの互助協力である[27]。

講中と化境の形成　では，その講中と化境の形成はどのようにしてなされたのか。まず注目されるのは，山県郡戸谷村（のち豊平村，現在北広島町）の浄円寺の所蔵する延宝5年（1677）の「戸谷村浄円寺ニ付村中定書一札」という文書である。包みの上書きに「公義ヨリ御書一通」とあるものと「村中定書物一札　組頭中」とあるものとがセットになっている。この文書は，浄円寺の住職が地域の者と折り合いが悪くなり石見国大森銀山幕府代官領内に立ち退いた事件に対して，もとの戸谷村の寺に帰るように働きかけて，その待遇を明示したものである。その「村中定書物一札　組頭中」には次のようにある。

　　　　　　　　申定一札之事
一，浄円寺殿所之者持居不申候ニ付かんにん罷成不申候て今度銀山一門之所へ牢人仕候ニ付，御公儀様より急度呼戻し所之すまひ仕候様ニと被仰付

候ニ付皆々立相談仕，所之茶香とき坊主ニ仕，所ニ置申様ニ仕候事相違無御座候事，
一，鴉木之者共ハ親々申定候通ニ手次ニ可仕候，村中茶合之儀者当月より浄円寺殿ニてよろこひ可申候，（中略）右之条々無相違様ニ可仕候，若相違候ハ，此書物を以庄屋組頭小百姓ニ至迄越度ニ可罷成候，為後日如件，
延宝五年巳ノ七月廿七日　　　　　　戸谷村組頭　七郎左衛門　印
　　　　　　　　　　　　　　　　　（以下計7名連署　印）

戸谷村　　浄円寺殿
同村　　　庄屋忠左衛門殿

　この文書によれば，銀山領から帰ってきた住職に対して組頭が連名で「所之茶香とき坊主」として遇することを約束している。この「茶香」とは現在も安芸門徒の間で行なわれている「お茶講」のことと思われる。次の「村中茶合之儀」も同様で，この時期に早くも講中の会合が行なわれていたことを考えさせる史料である[28]。

　またこれとは別に，講中と化境の成立について追跡した先の沖野清治はその論文で，山県郡加計村（現安芸太田町）加計本郷の例では元禄5年（1692）の常禅寺の棟札などの史料から，はじめは一族あるいは血縁関係によって組織されたものであったが，その後に人口増加によって非血縁者も加わり，講中の数も増えて，当初は1つの講中しかなかった本郷に文政2年（1819）ごろには4つ以上の講中が形成されていたことを指摘している。また，山県郡大朝町（現北広島町）の稲垣家文書の中の正徳3年（1713）の「新古法之義ニ付人別判帖」という史料に，西本願寺の安芸地区の触頭である広島寺町の仏護寺（現在広島別院）が，郡部の門徒の中に仏護寺にかくれて地元で「講寄等仕もの」があると非難している記述があり，それも地域社会での講中の活動が始まっていたことを示すと指摘している。そして，天明元年（1781）11月18日付のその広島寺町の仏護寺から京都の西本願寺の僧官に提出した書状の中に，「当国諸郡村門徒法用之儀者，従往古城下寺庵之門徒ニ而茂，其村々寺庵之ヨリ報恩講並毎月大寄小寄講等相勤，寺相続致来候」とあるように，天明期にはほとんどの村で大寄・小寄などの講中はできていたであろうと指摘している。しかし，同時にこの天明元年11月18日付の広島寺町の仏護寺から京都の西本願寺の僧官に提出し

た書状の中では，先の文言に続けて以下のように記されている。

　近来諸郡村之門徒自身之門徒故直勤致候故，其村々之寺庵只今迄之法用無之様ニ追々成行，寺相続相成不申候，ケ様ニ新規之取計有之候而者，第一法義相続之妨又者人気騒動ニ茂相成可申候間，已来急度従往古仕来之通，自身之門徒ニ而茂，其村寺庵勤来候法用者，門徒ヨリ相頼候共，其訳合を致教戒新規ニ相勤不申様御示被　仰付可被下候，此段追々郡中寺庵ヨリ嘆出申候，右之御示御連署以下ニ而急度被　仰付可被下候」（下線筆者）。

　つまり，広島城下の有力寺院が遠隔地の村方における門徒たちの大寄講や小寄講に対してそれを収入源として注目するようになり，「直勤」を求めて乗り出してきているのである。しかし，それでは村方の寺庵は法用もなくなり相続もできなくなるとして，広島教区の触頭たる仏護寺として京都の西本願寺へ，このような「新規之取計」は認めないように，「従往古仕来」の通りと指示して村方の寺庵が経営，相続できるように取り計らってほしいと願い出ているのである[29]。

　これらによると，「其村寺庵勤来候法用」というのが「従往古仕来之通」とされており，この天明期にはすでに村々の講中が地元の寺院の化境として機能していたことが知られるのである。そしてここからは講中の形成と化境の形成とが表裏一体のものであったことがわかる。これまでの安芸門徒の講中と化境の成立に関する通説では，本末・寺檀関係の乱れを規制することの必要性から，広島寺町の報専坊の慧雲（1730—82）らによって組織され，宝暦年間（1751—64）以降に整備されたものとされてきているが[30]，その宝暦年間という年代についての明証はない。先の沖野の研究を参考にすれば，講中の成立は17世紀中葉以降，はじめは血縁関係を中心にしたものや寺院の経営基盤を確立するためにつくられたものなどさまざまであったが，享保年間（1716—36）には地縁的な事例も確認されるなど，18世紀前半には各地に現在にまでつながるような強力な地縁的組織としての講中の成立がみられたことがわかる。そして，その整備の象徴的な功績者として高僧の名も高かった慧雲の存在が伝説的に位置づけられていったものと推定されるのである。

まとめ

　以上のような事例情報からここで主要な論点をまとめてみるならば，以下のとおりである。

　(1)日本各地の葬送習俗の中に見出される地域差が発信している情報とは何か，それは長い伝承の過程において起こった変遷の跡を示す歴史情報である。そして，多くの変遷の中にも息長く伝承され継承されている部分の存在を示す情報でもある。柳田國男の提唱した民俗学の比較研究法とはその変遷と継承の２つを読み取ろうとしたものであった。しかし，戦後のとくに1980年代以降の日本の民俗学関係者の間ではそれが理解されず，むしろ全否定されて個別事例研究の実効性のみが主張される動きがあった。それは柳田が創生した日本民俗学の基本とその独創性を否定するものであり，そこからは学術的なみずからの位置を明示できない懸念，たとえば文化人類学や社会学などとの学問としての相違が説明できないという懸念が生じた。それは民俗学の存在理由の説明自体の危惧にもつながる問題である。

　今からでも遅くはない。柳田創生の日本の民俗学の独創性を継承発展させるためには柳田の説いた視点と方法への理解と実践とが必要不可欠である。それは柳田が tradition populaire を民間伝承と翻訳してみずからの学問を「民間伝承の学」と呼び全国規模の民俗伝承情報の蒐集整理と比較分析とによって生活文化の変遷と伝承とを考究しようとした提唱に学ぶところから始まる。内外の誤解を解くために日本民俗学はフォークロアという名乗りを止めて，あらためて tradition populaire を再解読して伝承分析学トラディショノロジー traditionology と名乗るべきである。その伝承分析学（日本民俗学）は「変遷論」と「伝承論」という２つの側面をもつのが特徴である。変遷論の視点から明らかにしようとするのは，地域差や階層差などを含めた立体的な生活文化変遷史であり，伝承論の視点から明らかにしようとするのは，長い歴史の変化の中にも伝えられている変わりにくい仕組み，伝承を支えているメカニズムであり，それを表す分析概念の抽出である。

　(2)本章は柳田に学ぶその伝承分析の１つの作業例であるが，日本各地の葬送

習俗のなかに見出される地域差，たとえば本章で取り上げた葬送の作業の中心的な担当者が血縁的関係者か地縁的関係者かという点での事例ごとの差異，それが発信している情報とは何か。それは古くは血縁的関係者であったのが後に地縁的関係者へと変化したという段階的な葬送習俗の変遷史についての情報である。古代・中世は基本的に血縁的関係者が中心であったが，近世の村落社会のなかで形成された相互扶助の社会関係の中で，地縁的関係者が関与協力する方式が形成されてきたという歴史を，民俗伝承はそれぞれの事例ごとにその変遷の段階差を示すかたちで伝えているのである。逆にいえば，民俗伝承の事例ごとの差異のなかからその民俗伝承の変遷史を再構成できる可能性があるということである。歴史に関する情報として文献記録の情報を参照する必要があることは当然であるが，文献記録が欠落している歴史事実も膨大に存在する。そのような歴史事実の再構成にも民俗伝承を資料とする民俗学（伝承分析学）は寄与することができる。

(3)民俗伝承の変化は歴史を通じてのものであるが，とくに昭和30年代（1955―64）から40年代（1965―74）の日本の高度経済成長の影響は甚大であった。それ以前と以後とでは，民俗学が注目する経済伝承・社会伝承・信仰伝承/儀礼伝承・言語伝承/芸能伝承のあらゆる側面で根底的な変化が起こった。その高度経済成長からすでに約40年の歳月が流れた結果，1960年代まで日本の各地で大小さまざまな地域差をもって伝えられていた民俗伝承は大きく変貌もしくは消滅していった。葬送習俗の伝承も例外ではない。それら過去の民俗伝承が発信していた情報の貴重さにいま思いを巡らしてもすでにそれらの情報を蒐集することは不可能である。

しかし，1990年代の民俗調査の時点ではまだ人びとの経験と記憶の中に1960年代以前まで伝えられていた民俗伝承の情報は蒐集することができた。高度経済成長にともなう大規模な生活変化の中で消滅していった民俗伝承であってもそれは意味のない過去のものではない。その歴史的また文化的な価値は高い。そこで，民俗学の世代責任という課題が浮上してくる。2010年代の民俗研究の現在の世代責任として考えるならば，1990年代に蒐集された60年代まで伝承されていた民俗の情報も，いまその蒐集に当たった筆者たちの世代の研究者がその分析を試みておく必要がある。民俗学はつねに同時代的な生活変化の中に調

査研究を進めているのであり，その対象はつねに変化の中にあるということ，そしてそれぞれの世代に応じた研究上の世代責任がありそれに応えておくことがたいせつであるということである。

註
（1）　『人類学雑誌』第44巻第6号（1929年〈『定本柳田國男集』15所収〉）。
（2）　井之口章次『仏教以前』（古今書院，1954年）。
（3）　最上孝敬『詣り墓』（古今書院，1956年）。
（4）　『葬送墓制研究集成』全5巻（名著出版，1979年）。
（5）　葬送の民俗をめぐる研究には2つの傾向があり，1つは葬送の儀礼構成に注目するもの，もう1つは葬儀における社会関係に注目するもので，これらは前者の例である。後者に属する研究は，関沢まゆみ『宮座と老人の民俗』（吉川弘文館，2000年），中込睦子『位牌祭祀と祖先観』（吉川弘文館，2005年）などやや遅れて刊行された。
（6）　『国立歴史民俗博物館資料調査報告書9・10　死・葬送・墓制資料集成』東日本編1・2，西日本編1・2（総計約2000頁）（1999・2000年），なお，委員の事情で実際に蒐集された事例情報は58事例であった。
（7）　国立歴史民俗博物館編『葬儀と墓の現在―民俗の変容―』（吉川弘文館，2002年）。
（8）　たとえば山田慎也『現代日本の死と葬儀』（東京大学出版会，2007年）など。
（9）　この国立歴史民俗博物館の基盤研究「高度経済成長とその前後における葬送墓制の習俗の変化に関する調査研究」（2011―13年度）もこのような問題意識が共有されて企画され，その参加者によって研究報告の刊行がなされている。
（10）　経済学の立場からは，高度経済成長とは1955年（昭和30）の神武景気から73年（同48）の第1次オイルショックまでの18年間継続した異例の経済成長をいうが，生活変化を追跡する民俗学の観点からは55年から75（同50）年までの20年間を高度経済成長期ととらえて，実はその後の80年代，90年代に現実化する生活の大変化をも含めて，やや長い時差をも考慮してその時代を把握することとする。
（11）　新谷尚紀『両墓制と他界観』（吉川弘文館，1991年）。
（12）　新谷尚紀『民俗学とは何か―柳田・折口・渋沢に学び直す―』（吉川弘文館，2011年）。
（13）　前掲註(12)新谷尚紀『民俗学とは何か―柳田・折口・渋沢に学び直す―』。
（14）　折口信夫「民間伝承学講義」（『折口信夫全集』ノート編第7巻，中央公論社，1971年〈1920年〔大正9〕末から翌21年にかけて行なわれた國學院大学郷土研究会での特別講義〉）。ただし，1937年（昭和12）から翌38年の「民俗学への導き」（『折口信夫全集』ノート編第7巻，中央公論社，1971年）では，民間伝承学は完全な語であるが長すぎるのといろいろな語があると混乱するので民俗学という名称を使いたいと述べている。これは折口の現実的な状況判断によるものであり，折口が柳田の学問を「民間

伝承の学」であるとして理解していることにまちがいはない（新谷『民俗学とは何か―柳田・折口・渋沢に学び直す―』注12，154頁参照のこと）。

なお，柳田の比較研究法に対する折口の理解の深さについては，実は学史の上でもたいへん重要なことなので，以下若干の説明をしておくことにする。

柳田國男と折口信夫の最初の出会いは1915年（大正4）の『郷土研究』誌上の第3巻第1号と第2号の「柱松考」と「髯籠の話」という2つの論文でのことであった。しっかりと手間をかけて数多くの関連資料を集め総合的に情報を整理しながら分類比較をして多様な民俗伝承のなかにも貫通する分析概念の発見をめざすと同時に，それら多様な民俗伝承の差異のなかに生活変遷の段階の跡を追跡しようとしていた柳田に対して，一方，多様な民俗伝承のなかに重要な共通点を見つけ出して明晰な分析概念を抽出する折口と，この2人の学問姿勢の根本はすでにその2つの論文のなかでも明らかであった。そうして，依り代，常世，まれびと，予祝，もどき，などさまざまな民俗学の貴重で明晰な分析概念を発見していった折口であったが，そんな折口がむしろ柳田のまわりくどいほどの民俗伝承の資料情報蒐集と分類比較研究という視点と方法とを，もっともよく理解していたことは，折口の文章を読めばすぐにわかる。たとえば，1929年（昭和4）の「民俗学学習の基礎」（『折口信夫全集』第16巻，中央公論社，1956年〈初出は國學院大學郷土研究会での講演筆記〉）では，「民俗学では（中略）我々の断片的な知識を継ぎ合はせて元の姿を見る事が出来るのである。民俗学はかういふ点でも少し歴史と変わっている」といい，学生たちに次のようにも教えている。

「材料は多く集めなければならぬ。多く集めると共に，その材料が学者の皮肉の間にしみこんでゐなければならぬ。何かの時に一つの戸を開ければ，それに関係ある事が連繋して出て来なければならぬ。それにはどうしても我々自身が体験し，実験して見なければならないのである。（中略）断片をつなぎ合して一つの形を得るのは，我々の実感・直感（実感・直感＝洞察力；筆者注）である。（中略）我々の学問はもっと大きくならねばならぬ。次に材料を訪ね探すこと，採訪が疎かにされ勝ちであるがこれはいかぬ。実感を深くとり入れてないと，連繋的な物に逢っても，本道な感じが浮いて来ぬことになる。これでは駄目である。それには自分の歩いて採訪するのが本道であって，一番貴いのである。それが出来ない時には本から材料をかあどに記入しておくのであるが，書物には，著者の観察の違ふものがあったり，色々と欠点があるから，かあどを取るための本は良い本でなければならぬ。（中略）採訪とかあどと，この二つはどうしてもやらねばならないことである。書物ばかりの知識は危険である。柳田先生はこの点では鬼に金棒である。柳田先生の本を読んで統一する基礎は，その歩いてきた実感にあるのである。それであるから若い間に出来るだけ採訪して歩くのがよい。科学的だとか学問的だとか考えるよりも，之が一番大切なことである。材料の少しづゝの違ひが思はぬ解決をさすものであるから，どんな小さいことでも疎かに

せず，採集して，欲しい」。

　1935年（昭和10）の「民俗研究の意義」（『折口信夫全集』第16巻，中央公論社，1956年〈初出は日本民俗協会第1回例会における講演の筆記〉）でも，「我々の用ゐた郷土研究は，歴史をもって考へ切れないものを，各地に残存しているもの，比較によって究めようとするのである」と述べており，また，結婚式と三々九度の話題から献盃というのがもともと服従を誓うしるしであったということについて，「此れには，僅かながら歴史的文献もあり，文献以外にも，飛び飛びに残ってゐるものによって有力に証明できる」と述べている。

(15) この語は英語ではまだ存在しない語で，社会人類学のトム・ギル氏（Prof. Tom Gill）の教示によれば，W. W. Newell, 1906, Journal of American Folk-lore で，The phenomena of traditionology, if the term may be allowed, have therefore some resemblance to those of botany, と「このような表現は認めていただけるなら」と述べているのが実情である。また，フランス語でも，A. V. ジェネップ A. V. Gennep が，Le folkloriste s'adresse aussi a ses lecteurs, en leur demandant conseil quant au nom de la discipline: « Admettra-t-on un jour traditionologie, populologie, populographie ou populosophie ? Si un lecteur peut nous offrir une solution raisonnable, nous lui en serons tous reconnaissants » (185) と述べている程度である。現在の学術世界ではまだ受け入れられていない語ではあるが，むしろ日本の民俗学がこれからしっかりと研究の内実をあらためて調えながら発信していく必要のある名乗りの語である。

(16) 関沢まゆみ「「戦後民俗学の認識論批判」と比較研究法の可能性」（『国立歴史民俗博物館研究報告』第178集〈国立歴史民俗博物館開館30周年記念論文集Ⅰ〉，2013年）。

(17) ここで1つの例を具体的に解説してみよう。たとえば両墓制の問題である。その分布が近畿地方に集中的で濃密であるという事実について，両墓制の研究がさかんであった昭和30年代から40年代の段階でもその理由について研究者たちの理解は明確でなかった。その点があらためて注目された機会として記憶に新しいのが2001年（平成13）から06年（同18）にかけての岩本通弥と福田アジオとの論争であった（①岩本通弥「「節用禍」としての民俗学」〈『柳田國男全集』月報17，筑摩書房，1999年〉，②岩本「「家」族の過去・現在・未来」〈『日本民俗学』第232号，2002年〉，③日本民俗学会談話会「『先祖の話』をどう読むか」〈2003年〉，④福田アジオ「誤読しているのはだれか」『日本民俗学』第234号，2003年〉，⑤岩本「戦後民俗学の認識論的変質と基層文化論—柳田葬制論の解釈を事例として—」〈『国立歴史民俗博物館研究報告』第132集，2006年〉）。

　もともと『蝸牛考』（柳田國男「蝸牛考」〈『人類学雑誌』第42巻第4—7号，1927年〉，柳田國男『蝸牛考』〈刀江書院，1930年〉）という論文で，デンデンムシの異名として東北地方北部や九州地方にナメクジという呼称が伝承されている事実に注目して「遠方の一致」への注意をうながし，そこにカタツムリよりも古いナメクジという

呼称が伝承されているという事実の発見から，新たな歴史学の開展への可能性を説いたのが柳田國男であった。それが彼の民間伝承学の独創的な視点と方法の提唱の最初であった。しかし，そのような視点と方法とを理解することなく，その柳田の比較研究法自体を全面否定したのが福田アジオであった（福田アジオ『日本民俗学方法論序説』弘文堂，1984年）。柳田を誤解し否定した福田にとって，古い習俗のはずの両墓制が新しい習俗が分布するはずの近畿地方に濃密に分布しているのは「周圏論との矛盾」であると理解されたのである（福田アジオ『柳田国男の民俗学』吉川弘文館，1992年，130―131頁）。それに対する岩本の批判と主張は柳田の民俗学が民俗の変遷論の視点に立っていたことの再確認の必要性についてであった。その観点からも柳田は両墓制を古い習俗とはみなしておらず福田の「周圏論との矛盾」という見出しと内容とは誤りであると指摘した。しかし，両者の議論の場では福田によって前言が翻されるなどなかなかかみあわず，両墓制の分布の問題もその解決への議論とはならなかった。そこで，あらためて両者の議論を整理するとともに，両墓制の分布の意味を歴史的に説明したのが関沢まゆみであった（前掲註(16)関沢まゆみ「「戦後民俗学の認識論批判」と比較研究法の可能性」）。両墓制とは，10世紀以降の摂関貴族の独特の觸穢思想の影響という歴史的背景を背負った新しい墓制であり，それゆえにこそ近畿地方一帯に濃密に分布しているのだという結論を明確に示したのである。その関沢は柳田の説いた比較研究法の有効性を理解してそれにさらに研磨を続ける一方で，地域社会や個別事例の詳細な調査分析を併用するという方法を提案しており，現在の日本民俗学を牽引している研究者の一人であるといってよい。

(18)　新谷尚紀『ケガレからカミへ』（木耳社，1978年），同「ケガレの構造」（岩波講座『日本の思想』第6巻，岩波書店，2013年）。

(19)　たとえば竹内利美「村社会における葬儀の合力組織」（『ムラと年齢集団』名著出版，1991年〈初版，1942年〉）など参照。

(20)　前掲註(12)新谷尚紀『民俗学とは何か―柳田・折口・渋沢に学び直す―』。

(21)　1993年（平成5）に廃寺。なおこの寺は西洋哲学者として著名な三枝博音の実家である。

(22)　現在の講中は部落と重なるようになっているが，土地の言い伝えによると，1937，38年（昭和12，13）ごろまでの部落の分け方は現在の部落とは異なり，そのころの部落は講中とはまったく別であったという。当時，部落は20くらいあり，講中は14，15あった。講中は家屋敷の位置がたがいに離れて飛んでいるような家同士でも組んでいた。全部で14，15あった講中のうち，たとえば専教寺の化境は7つか8つあったという。この1937，38年ごろの部落の編成のしなおしという現地の人たちの言い伝えを裏づけるのは，『農村建設計画策定に関する調査―広島県山県郡本地村―』（農林省農地局計画部経済課発行，1950年〈昭和25〉。『千代田町史　近代現代資料編［下］に抄録）にみえる「昭和十一年三月，当時の農事実行組合，講中を統一して行政の簡素化

を計るために一三部落に改別，更に昭和二十四年十一月一日，一三部落の外に開拓地が一部落出来これを旧部落に加え一四部落となり現在に至っている」という記事である。言い伝えと記録とが符合する部分は史実に近いものと考えてよいであろう。

(23) 関沢まゆみ「他人をつくる村」（『比較家族史研究』第11号，1996年）。のち関沢まゆみ「葬儀とつきあい」〈『宮座と老人の民俗』吉川弘文館，2000年〉所収）。

(24) 文献記録を参照した葬儀や墓制の歴史については，まずは，圭室諦成『葬式仏教』（大法輪閣，1963年）があり，筆者にも『生と死の民俗史』（木耳社，1986年），『日本人の葬儀』（紀伊國屋書店出版部，1992年），『お葬式—死と慰霊の日本史—』（吉川弘文館，2009年）などがある。文献史学でも，高田陽介「境内墓地の経営と触穢思想」（『日本歴史』第456号，1986年），同「「村の墓・都市の墓」シンポに寄せて」（『遥かなる中世』第13号，1994年），水藤真『中世の葬送・墓制』（吉川弘文館，1991年），前嶋敏「中世の葬送儀礼における遺体の移葬について—「移」・「渡」・「盗出」をめぐって—」（『中央大学大学院論究』第29巻第1号，1997年），堀裕「天皇の死の歴史的位置—「如在之儀」を中心に—」（『史林』第81巻第1号，1998年），同「死へのまなざし—死体・出家・ただ人—」（『日本史研究』第439号，1999年），勝田至『死者たちの中世』（吉川弘文館，2003年），同『日本中世の墓と葬送』（吉川弘文館，2006年），上島享「〈王〉の死と葬送」（『日本中世社会の形成と王権』名古屋大学出版会，2010年。初出は2007年），島津毅「中世の葬送と遺体移送—「平生之儀」を中心として—」（『史学雑誌』第122編第6号，2013年），等々の蓄積がある。また，近代以降の葬儀の変化について追跡しているものとしては，伊藤唯真編『葬祭仏教　その歴史と現代的課題』（ノンブル社，1997年），中牧弘允編『社葬の人類学』（東方出版，1999年），村上興匡「大正期東京における葬送儀礼の変化と近代化」（『宗教研究』第64巻第1号，1990年），同「近代葬祭業の成立と葬儀慣習の変化」（『国立歴史民俗博物館研究報告』第91集，2001年），同「都市葬祭業の展開と葬儀意識の変化」（『東京大学宗教学年報』第23号，2006年）などがある。

(25) 頼杏坪ほか『芸藩通志』（文政8年（1825）刊）。

(26) 沖野清治『近世浄土真宗の寺檀関係と講中組織』（兵庫教育大学大学院修士論文〈1989年度提出〉1990年）。

(27) 新谷尚紀「寺院の信仰と民俗」（『千代田町史』〈広島県千代田町〉民俗編，2000年）。

(28) 『千代田町史　資料編　近世（下）』所収（443—444頁）。

(29) 『千代田町史　資料編　近世（下）』所収（449—451頁）の「組合村々万覚帳」（広島大学寄託・加計隅屋文庫蔵）にみえる「報恩講勤方ニ付達」（文政4年）という文書にも，文政4年（1821）当時の同じ動向が記されている。山県郡一帯には有力寺院たる広島十二坊の門徒がひじょうに多く，郡内各地の地元の寺には門徒が少ない状態であったため，地元寺院が広島十二坊の門徒寺の下寺として門徒を預かるかたちの「預かり門徒」の例が多かった。しかし，それでは本当の広島の門徒寺と地域の門徒との

関係が薄くなってしまうので，浄土真宗の年間行事として最重要な報恩講だけは上寺から「直勤」したいという申し入れが御番組衆に対して行なわれたが，それに対して，郡内の割庄屋が連名で今までどおり「預かり寺」が報恩講をつとめるのが実情にあっている旨を報告している。
(30) 『広島県史』近世1，1152頁。

［謝辞］　この第2章のもととなった論文作成のための現場調査でご理解とご教示をいただいた多くの皆様方にあつくお礼を申し上げます。とくに広島県北広島町本地の専教寺様と桐原玄三氏には懇切丁寧なご説明をいただきありがとうございました。

第3章　葬送変化の現在史
　　──ホール葬の威力：中国地方の中山間地農村の事例から

1　公営火葬場と葬祭ホールの開設

　2000年代に入ってからの葬儀の変化は列島規模で大きい。その実際について，具体的な事例を観察しての調査研究の必要性が痛感されているのが現在の民俗学にとっての実情である。「蝸牛考」や「贅入考」で民俗学の比較研究法の作業例を示していった柳田國男も眼前の世相変化に対して『明治大正史　世相篇』を著して，民俗伝承の変化を追跡してその意味を見出そうとしている。そのような葬儀をめぐる眼前の変化について，中国地方の中山間地農村の事例に注目して若干の分析を試みておくことにしたい。

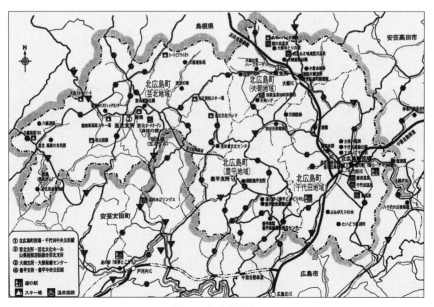

図37　北広島町域

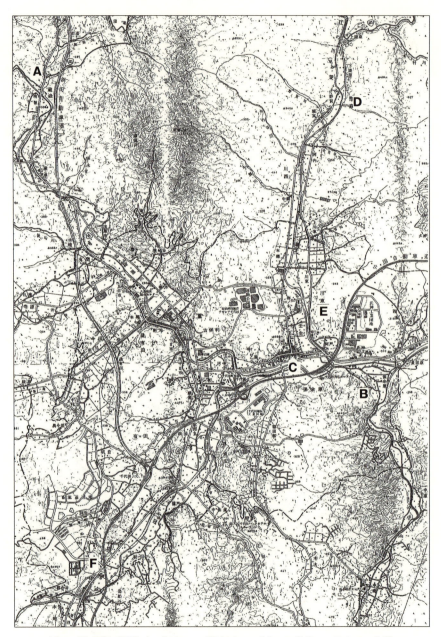

図38 旧千代田町域(A 蔵迫, B 丁保余原, C 壬生, D 惣森, E 川東, F 本地)

(1) 町村合併

　第2章で近世における安芸門徒と講中や化境(けきょう)の形成を追跡してみたのが広島県山県郡北広島町（旧千代田町域）の事例であったが，ここであらためてその講中の結束のひじょうに強くて固い歴史を伝えてきている典型的な地域として，その旧千代田町域の事例に注目してみる。そして，その後の現在進行形の変化の状況について追跡してみることにする。旧千代田町は2005年（平成17）2月1日に周囲の市町村との合併によって北広島町となった。

　明治以来の町村合併の動向はおよそ以下のとおりである。まず5ヵ村の成立である。明治期の町村制施行により1889年（明治22）4月1日にのちに旧千代田町へと合併される次の5ヵ村が成立した。第1が壬生村でそれは藩政時代の壬生村・惣森村・川東村・川西村・川井村・丁保余原村(ようろほよばら)の6ヵ村が合併したもので，のち1904年（明治37）5月1日に町制が施行されて壬生町となった。第2が本地村でそれは藩政時代の本地村がそのまま明治の本地村となった。第3が八重村でそれは藩政時代の石井谷村・有田村・後有田村・今田村・古保利村・春木村・有間村・寺原村の8ヵ村が合併したものであり，第4が川迫村でそれは藩政時代の蔵迫村・舞綱村・中山村・川戸村の4ヵ村が合併したもの，第5が南方村でそれは藩政時代の南方村と木次村が合併したものであった。次が千代田町の誕生である。昭和の市町村合併促進法（昭和27年8月地方自治法改正）により1954年（昭和29）11月3日にこの5ヵ村が合併して千代田町が誕生した。そして北広島町の誕生である。平成の市町村合併特例法改正（1995年〈平成7〉4月1日施行—2005年3月31日失効）により，2005年2月1日に大朝町・芸北町・豊平町・千代田町の4ヵ町が合併して新たに北広島町が誕生した。

(2) 公営火葬場の設置

千代田町営「慈光苑」1970年（昭和45）設立　旧千代田町域では，第2章の2でも指摘したように，古くから地域ごとに山寄せの場所にヤキバ（火葬場）があり，アタリや講中の相互扶助で藁と薪を使ってそこで火葬を行なっていた。

　しかし，1970年（昭和45）に千代田町営の新たな火葬場が設置された。3月に着工され8月に完成した。場所は春木部落の恩ケ迫であった。総工費は822

図39　むかしの部落ごとのヤキバ（火葬場）の跡地（1）　北広島町蔵迫の下打道と竜山の2つの部落が利用していた。1992年（平成4）8月にその跡地に記念の石柱が建てられた。

図40　むかしの部落ごとのヤキバ（火葬場）の跡地（2）　北広島町壬生の丁保余原の保余原講中が利用していた。

万円（国民年金特別融資250万円，町費572万円），敷地面積は2900㎡（879坪），建築総面積は126.6㎡（38.4坪）であった。当時の使用料は大人（12歳以上）1体につき2000円，小人（12歳未満）1500円，死産児1000円で，霊柩車の利用は1900円であった。これにより，旧来の火葬場は使用されなくなり，いっせいにこの新たな町営火葬場の利用へと移行した。当番の人たちが一晩かけて焼く方式から，午後の明るいうちに重油のバーナーで職員の手によって約2時間程度で火葬される簡便な方式となった。

　ただし，当時は旧来の火葬との相異に注意を促して，トラブルを避けるため次のような知らせがなされていた。

1　棺の中には金属類および陶器類その他焼却しがたい物品は入れないでください。遺体を固定させるためのワラもなるべく使用しないでください。

2　棺は希望により役場で分譲しますが価格は2000円です。作製される場合は次の規格でお願いします。棺の長さ170cm以内，高さ37cm以内，幅47cm

図41　1970年（昭和45）設立の千代田町営の火葬場「慈光苑」

図42　2008年（平成20）設立の北広島町営の新しい火葬場「慈光苑」

　　以内。
3　火葬は約2時間で終了します。
4　火葬は午後5時までには終了するようご協力をお願いします。
5　拾骨の容器は各自持参してください。ボール箱や木箱は他町村の例からよくないようです。骨ツボも準備しております。必要に応じて分譲します。

6　拾骨終了後は必ず清掃してください。

　同じ火葬とはいっても旧来の地域ごとの火葬とはまったく異なる方式で，初めのうちは慣れないものでややとまどいもあったことがわかる。しかし，この新たな火葬場の利用は人びとの負担を大きく軽減した簡便なものであり，まもなく定着していった。

　北広島町営「慈光苑」2008年（平成20）設立　2005年（平成17）2月の町村合併による北広島町の成立の後，老朽化が進んでいた千代田町営の旧慈光苑に代えて新たに北広島町営の新「慈光苑」が，2008年（平成20）11月28日に竣工した。場所は壬生の字笹井河内606で，旧慈光苑ともほど近い場所である。総工費は1億5700万円（合併特例債対象経費1億5462万円，対象外経費238万円），敷地面積は2900㎡（879坪），延床面積は289㎡，2階建ての新築で火葬施設だけでなく控室なども整備されたものとなっている。使用料は2万9800円とされた。

（3）　葬祭ホールJA「虹のホール」の開設

　北広島町営の新たな「慈光苑」が竣工した2008年（平成20）は，歴史的にみてこの旧千代田町域の葬儀の変化の1つの画期となった年となる可能性が高い。それはJA広島北部が北広島町の中心地に2008年7月1日に葬祭ホール「虹のホール」を開業した年でもあったからである。JA広島北部というのは，JA高田とJA広島・千代田とが2005年（平成17）4月に合併したもので，前述の

図43―1．2008年（平成20）7月1日開業のJA広島北部の経営する北広島町「虹のホール」

ような平成の町村合併による2005年2月の北広島町の誕生とその約1年前の2004年（平成16）3月の安芸高田市の誕生を受けての動きであったといえる。本店はJA高田の本拠地の安芸高田市吉田にあり、その吉田で「虹のホール」はまず2007年（平成19）に開業した。そして、翌年2008年7月に北広島町で開業したわけである。

図43―2．北広島町「虹のホール」の正面入口　旧来のノドウロウ（野灯籠）1対がみえる。

　式場は座席108席、会食室に座席48席、それに通夜室・親族控室・風呂を備えている。設立資金は約1億1000万円〜1億2000万円で、2011年（平成23）現在で、正職員が男性4名、臨時職員が男性1名、女性7名である。

〔葬儀施行料〕　2009年（平成21）4月1日現在の葬儀施行料金としては、表31のように案内されており（144頁参照）、表記の価格は消費税を含む。

〔葬儀のスケジュール〕　また、利用者のための案内として通夜から葬儀までの流れが、パンフレットに表32のように示されている（145頁参照）。

〔利用状況〕　伝統的な浄土真宗地帯であり、安芸門徒と門徒寺との関係がひじょうに緊密で講中という強靭な組織が機能してきている地域社会ごとの葬儀の場に、JAによってまったく新たに設営されることとなった葬祭ホール「虹のホール」がどのように受け入れられていくのか、2008年7月1日の開業から11年2月までの約2年半の利用状況を調べてみたところ、表33のとおりであった（145頁参照）。

　2008年度は開業の初年度であり、年度途中の7月開業であったために利用回数はまだ29例と少なかったが、2年目、3年目と利用回数が増加していることがわかる。この旧千代田町域では1980年代後半からJAによる葬儀の祭壇設営や葬具の提供などの葬儀サービスが浸透してきており、それが現在も継続して

表31　葬儀施行料金

葬儀コース　（　）内はJAの組合員価格
　　風：393,750円（372,750円）　　14尺　生花祭壇
　　光：551,250円（530,250円）　　20尺　生花祭壇
　　虹：708,750円（687,750円）　　20尺　行灯付　生花祭壇
　　神式：393,750円（372,750円）　14尺　白木祭壇
このコース料金に含まれる葬祭具，備品等は以下の通り。
　　1 葬儀会館使用料　　　　2 お供花(枕花1基)　　3 お棺(仏着等含む)
　　4 電照写真，遺影写真　　5 焼香設備　　　　　6 ローソク，線香など
　　7 受付設備(文具，記帳品一式)　　8 提灯　　　9 式場案内板，道順案内板
　　10 骨壺(分骨壺・骨上箸)　　　　11 大紙華　　12 灰葬紙華
　　13 司会，アシスタント
なお，
　①コース外の葬儀施行料金については，別途ご相談に応じさせていただきます。
　②お棺を上等品に変更する場合は追加料金となります。
また，上記の料金に加算されるオプションとしては以下のもの。
　(1)主な葬祭具，備品等
　　ドライアイス　1回10kg　6,300円　　　後飾り祭壇セット　1セット　5,250円
　　お葬儀セット　1セット　4,200円　　　会葬礼状　100枚～　　8,058円～
　　会葬返礼　1個　525円　　　　　　　　生花・果物かご　1対　21,000円
　　おとき膳(精進料理)　1人前　1,575円　　お汁　1人前　210円
　　寝具セット　1セット　3,150円　　　　お泊りセット　1セット　525円
　　集合写真　1枚　17,320円　　その他　遺体搬送，マイクロバス，飲料ほか
　(2)通夜会館使用料　31,500円
　(3)精進落とし料理も別途承ります。

いる。そのJAによる葬儀サービスの延長線上に「虹のホール」の利用も位置づけられる。平成22年度もこの「虹のホール」の利用ではないものの，伝統的な自宅葬でJAの葬儀サービスの提供を受けた例が旧千代田町域では53例，旧大朝町域では17例と多かった。

　旧大朝町と旧瑞穂町の火葬場「紫光苑」　ただし，旧大朝町域でホールとサービスの両者ともに利用回数がやや少ない理由は，1つには，旧大朝町では比較的早くからJAではなく地元の社会福祉協議会が葬儀の祭壇を所有してその貸出しが行なわれてきており，そのためにJAの利用が少ない傾向があったことが指摘できる。もう1つには，旧大朝町では旧千代田町の旧「慈光苑」のような独自の町営火葬場を建設することなく，1973年（昭和48）4月1日に隣りの島根県旧瑞穂町と一緒になって瑞穂町亀谷に公営火葬場「紫光苑」を建設して

表32　通夜から葬儀までの流れ

ご一報⇒ご相談・打ち合わせ⇒お通夜⇒ご葬儀・告別式⇒ご出棺
　葬儀前日…ご遺体の搬送　　病院等へ故人をお迎え。自宅または会館まで搬送
　　　　　　各種手続き　　　火葬許可書，お寺様の手配など
　　　　　　打ち合わせ　　　当家，または会館にて葬儀施行の打ち合わせ
　　　　　　　　　　　　　　（御供え〈生花，果物かごなど〉のご注文を承ります）
　　夕方…御通夜　　　　　　通夜は自宅，または会館式場
　　　　　　　　　　　　　　（会館で執り行なう場合は親族控室をご用意しております）
　　夜間…宿泊　　　　　　　（親族控室にて仮眠いただけます）
　葬儀当日…本葬打ち合わせ
　　開式1時間前…葬儀進行の打ち合わせ
　　開式30分前…ご導師と打ち合わせ
　　開式…本葬開式　　　　　式場にて葬儀
　　開式1時間後…出棺　　　 開式より約1時間後，ご出棺
　　開式2時間後…会食　　　 会食室にて仕上げ膳(自宅でもご準備することができます)
　　　　　　拾骨　　　　　　火葬場にて拾骨

表33　開業当初の「虹のホール」利用状況

平成20年度(2008年(平成20) 7月―09年〈同21〉3月)
　　29例　　　旧千代田町24例，旧大朝町1例，安芸高田市旧八千代町4例
21年度(2009年(平成21) 4月―10年〈同22〉3月)
　　87例　　　旧千代田町67例，旧大朝町12例，その他旧豊平町など8例
22年度(2010年(平成22) 4月―11年〈同23〉2月)
　　90例　　　旧千代田町69例，旧大朝町17例，その他旧豊平町など4例

表34　当時の北広島町の人口　　　　　　　　　　（単位：人）

年度 (3月末)	町全体	旧千代田町	旧大朝町	旧豊平町	旧芸北町
平成20年度	20,640	10,614	3,166	4,135	2,725
21年度	20,408	10,569	3,095	4,077	2,667
22年度	20,229	10,530	3,075	4,020	2,604
23年度	19,994	10,452	3,061	3,917	2,564

その共同利用が現在まで継続しているという事情がある。その1973年4月の瑞穂町亀谷の火葬場の開設のころの記憶では，たとえば旧大朝町鳴滝地区で旧来の部落の焼き場で焼いた最後は，1974年（昭和49）3月に亡くなったおばあさんだったことが記憶されている。故人の生前の希望でそのようにしたといい，

図44—1．島根県邑南町田所にある火葬場「紫光苑」

図44—2．「紫光苑」の内部　最後のお勤めと焼香をする場所。右手に火葬炉の入口2基がみえる。

遠い知らないところで油まみれに焼かれるのが嫌だったのだろうとのことである[1]。その旧大朝町では，2005年2月1日に北広島町に合併される前の1993年（平成5）に，島根県旧瑞穂町（現邑南町）とともに古い亀谷の火葬場に代えて田所に新たな火葬場「紫光苑」を建設して現在もその新しい田所の火葬場の利用が続いている。そのために北広島町の旧千代田町の中心部にできたJAの「虹のホール」の利用数もまだ少ない状態である。

　調査の途中の2013年（平成25）1月27日のことである。その日に旧大朝町域

で葬儀を行なった人が2人あった。1人が田原地区の田村先生（小学校の先生をしていた80歳代の女性）で、もう1人が岩戸地区の井伊さん（女性）であった。そのうち申し込みが早かった田村先生が旧来どおりの邑南町（旧瑞穂町）田所の火葬場で火葬になり、井伊さ

図44—3．「紫光苑」火葬炉の入口

んの方は北広島町（旧千代田町）の火葬場で火葬になった。葬儀は両方とも地元の会館（集会所）で、10時から11時ごろに始めて約1時間で終わった。12時ごろには終わり、12時30分ごろに集会所を出発して火葬場に向かった。火葬場に13時ごろに到着して、その13時ごろから読経と焼香をしてから火葬炉に納めて火入れ（点火）をした。火葬場には主な親族が来るだけで門徒寺の住職は来ない。火入れ（点火）のボタンを押すのは喪主である。約1時間ぐらい焼いて30分ぐらい冷やす。その間に参列者は別室でオトキ（お斎）の飲食をする。いまではパック料理になっている。14時40分ごろから拾骨室で拾骨する。約15分から20分で拾骨は終わる。そして、15時前にはみんな帰ることになる。

図44—4．「紫光苑」火葬炉の様子
　ここで火の強さなどの調節をする。

火葬の実際　この邑南町田所の火葬場の担当職員は現在男性2人が交代でつとめている。定年退職後のシルバーボランティア

的な社会貢献の奉仕活動のような意味があり，この広島県西部および西北部から島根県西南部にかけてのいわゆる安芸門徒の卓越した地域では浄土真宗の教義の普及もあり，火葬という業務に対する一種のタブー視というような感覚は他の地方と比べて薄いのがその特徴である。1月27日に話を聞くことができたのは北広島町（旧大朝町）大朝の西横町の男性（1935年生）であった。彼はもと広島電鉄バスの運転手さんで尺八の名人でもあり社会福祉に貢献している方である。北広島町鳴滝の岸田豊作氏（1948年生）の知り合いである。約30年前，49歳のときに奥さんを48歳で亡くしたが，そのときの火葬場はまだ亀谷の火葬場だったとのことである。

　2013年（平成25）冬の筆者の調査のあと，14年（同26）夏に先の岸田豊作氏の協力のもと國學院大學の大学院生川嶋麗華さんがその男性の方からさらに詳細な話を聞かせていただくことができた。川嶋さんの了解を得てその貴重な情報の一部を以下に紹介しておくことにする。これらの情報の蒐集業績はあくまでもその現地の協力者の方と川嶋さんとにあることをここに明記しておく。

　その男性の方が火葬場で働き始めたのは65歳のときからで，もと郵便局につとめていた友人にさそわれたからであった。その友人は2年で亡くなったので，その後は1人でやるようになった。ほかにも地元の旧瑞穂町の人が1人いたが，すぐに82,3歳のころに高齢ということでやめてしまった。火葬場職員は，旧瑞穂町と旧大朝町からそれぞれ1人ずつ出ることになっているが，2014年現在では瑞穂町は2人が出ている。遺体数は，始めた当初は月に20体くらいきていた。今は月に10体ほどで，15体まではない。旧大朝町全部と旧瑞穂町全部，そのほか出羽，高原，羽須美などからも遺体が来る。最近，旧大朝町の遺体は北広島町（旧千代田町）の新しい火葬場の「慈光苑」へ行くこともある。1日に1人がふつうで，亡くなった人が2人いた場合には1人が北広島町（旧千代田町）の方へ行くことになる。

　火葬場での仕事を始めたときは，玄関マットに網戸にトイレなど全部汚かったが，網戸を張り替えたり掃除したり花を植えたりして，自分が行くようになって，みんなきれいにした。いまでは花を植えた築山のところで遺族が写真を撮ったりしている。はじめ火葬の機械の操作を覚えるのが大変だった。毎日あれば覚えられるが，1週間こないこともある。間が空くので機械の操作を覚え

るのが大変だった。5年くらいやらないと上手く火葬ができない。前の人は排煙のコツなどを自分に全然教えてくれなかった。自分は後継の人にコツを教えてあげている。以前はみんなそんなに身体が大きくなかったので，身体の大小によるマニュアルはなく，自分の経験で覚えていった。全部同じように調整できればいいが，遺体にも大小があるので，全部手動で調整しなければならない。だいたい機械が自動でやってくれるが，マニュアルどおりにやってもなかなか上手くはいかず，温度を見ながら調整する必要がある。遺体の体格や体質に合わせた調整が必要である。今の人は身体が大きいから窯の中に入りきらない。入れるときに棺の蓋が持ち上がるくらい膝を曲げて入れる必要がある。身体が大きいと遺族はそれに合わせて大きい棺を作るが，「紫光苑」の窯自体が小さいので大きい棺は入らず，あまり大きい棺を入れると温度調整が難しくなる。失敗して窯の温度が1000度以上になって振り切れると故障の原因になり，煙が下へ逆噴射して出てきてしまう。それを一度やったことがあるが，それはそれは鼻が腐るようなひどい臭いだった。800度を超えるといけないので，およそ700度くらいで焼くようにしている。身長が174,5cmまでなら普通に火葬ができるが，180cmになると棺の大きさが2mになり，体格も太くなるので窯に入らない。身体が大きくなると温度調整が難しくなり，すぐに温度が上がって警告音が鳴ってしまう。温度が上がると排煙する力よりも煙の量が多くなり煙が下がってくる。そこで，自分は工夫して窯が2基あるので，1基を動かして，2基で排煙するようにしてみた。するとなんとかなることがわかった。5,6年経ったころには，「今日のは油断ならないな」とわかるようになり，あらかじめ窯を2台使うようにしてそれからはもう失敗しなくなった。身長が普通でも，体質によってはやはり調整が難しい。痩せた人と，太った人だとやはり焼け方が違う。太った人は温度が上がってしまうし，バーナーを止めても脂肪が燃えて余計に煙がたくさん出てしまう。先を予想して行動しなければいけない。太った人のなかにも燃えにくい身体がある。痩せていても燃えにくいのとさっさと燃えてしまうものとがある。燃えているかどうかは窯の外から覗いて確認をしながら調整する。北広島町の新しい「慈光苑」の火葬場は窯が太いから少しくらい棺が大きくても大丈夫だが，そちらはハイテクでやるので自分たちのようなシニアでは無理で若い者でないと操作できない。

火葬の手順はおよそ以下のとおりである。遺体を入れるときに五徳のような台を肩と腰の下に3ヵ所当てる。最初に，棺にバーナーをまっすぐにあててすぐ止める。棺がひとりでに燃えきったのを確認してから，頭を5分ほど焼く。焼けると頭が下がってくるので，バーナーの角度を変えて足の方へ徐々に当てていく。最初に頭を焼いてしまったと思っても，脳みそが残っていることがある。火をあてて青い火が出てくるとまだ残っている，白くなったら大丈夫。一度温度を下げてから焼け残りに気が付くと，また焼くのに時間がかかってしまうので大変だ。骨のもろさも人によって全然違う。上を向いて寝ている遺体が焼いているうちにごろっと横になる場合がある。横になるとバーナーから外れて焼けないので，金属の棒でつついて台の上に乗るように直す。一部焼き残っているところを焼くと先に焼け終わったところが灰になってしまうので気を使う。最近の棺は桐よりも軽いが，なかなか焼けないものがある。それらはおそらく日本の材料ではないだろうと思う。ベニヤの薄いのは燃えやすい。

　遺族による拾骨のさいにバケツなどを持ってきて遺骨をみんなきれいに持って帰る人にはすごく助かった。その一方，遺骨を少しだけとってたくさんを残していく人もいるが，そのような場合には，残った骨は全部霊拝塔に入れておき年に2回業者が取りにきた。業者は6つくらい大きな袋を持ってきて，火葬場を回って遺骨を回収した。回収した後にどうするかは知らないが，粉にして何かに使うという話を聞いたことがある。遺骨を混ぜて焼き物を作っている遺族もいる。遺骨は真っ白くきれいに焼きあがっているから，それを粉にして土に混ぜたら土の方が汚いくらいだ。町の人は15—20cmくらいの骨壺に足の骨を一つ，背骨を一つ，頭蓋骨の一部を一つ順にのせて，蓋をする。喉仏（のどぼとけ）は骨がもろい人の場合は残らない。頸椎の上から2番目くらいの骨で，仏が坐っているような格好だ。いい具合だと頸椎からコロッと外れる。遺族は最初に喉仏を探し，自分たちも焼き終わったらまず喉仏の場所を探す。きれいに残っていたら，写真を撮るように勧めている。

　5,6年もやれば慣れてきて，遺体という感覚は薄れて，ものという感覚が強くなってくる。きれいにいい具合に流そうとする。焼くことを「流す」という。「きれいに流れとってじゃのう」と遺族が遺骨を見ていう。通常40分で流れて15—30分ほど冷やす。冷やすのに時間がかかるので，熱いが自分は早めに

窯から出す。身体が大きい人も1時間半かかれば拾骨ができるようになる。焼き終わったら五徳のような台をのけて、冷やしてから拾骨室へ遺骨を運び、壺と箸を用意する。遺族を呼ぶ前に、だいたい人間の形になるように並び替える。焼くときに足を立てるとバラバラになってしまう。だいたい腕と足が重みで台から落ちてバラッとするので気をつける。灰の中に棺の釘が散らばっているので、磁石で全部拾ってきれいにする。今はベニヤをホチキスで止めているため残ってしまうので磁石で拾うようにしている。骨壺の大きさが町と田舎で違うのは墓の下のカロートの大きさが違うからで、最近は下が砂になっているものもあり、「土に戻す」などという言い方をする。末代残るように骨壺のまま納める人もいる。棺桶や供花、箸と骨壺は葬祭業者がみんな用意する。この火葬場では窯を作った富士建設工業に頼めばなんでも用意してくれる。町が頼めば来てくれる。年に2回はメンテナンスにきている。

　遺族からのココロザシは、役場から遺族に火葬担当者へ渡すのはやめてくれといわれている。自分もココロザシを渡してくる遺族はいて、それは受け取っていた。ない人もいるが、ないからといって文句は言わない。でも渡そうとわざわざ持ってきた人のものをむげに断るわけにもいかない。ココロザシは1回で2000円くらい、1年で二十何万円になる。自分1人ではなく、同じ口座に入れて最終的にみんなで分けるようにしている。だいたい1回の火葬につき1人の職員しかいないが、遺体が3体など多い場合は2人でやるときもある。固定給月給が8万円で、1体ごとに1万6000円。呼ばれたら行かなければいけない、つまりいわば時間的にもつながれているので管理手当として8万円をもらっている。食べ物については、昼の12時ごろに火葬をするので遺族から仕出し弁当の差し入れがあることもある。しかし、火葬があるときには自分たちは早くにお昼ご飯をすませてしまうので、差し入れの仕出し弁当は家に持って帰ってから食べることにしている。11時に葬式、12時半〜1時ごろに火葬を始める、焼く1時間くらいの間に遺族はきれいな待合室で弁当を食べている。

　仕事は火葬の仕事だけではなく、むしろ火葬場の周りの草刈りの整備の方が大変である。火葬だけならまだできるが、そういう施設の管理や周辺の草刈りの仕事などさまざまな維持管理の仕事が大変なので、2013年の夏に体調を崩していったん火葬場の仕事を辞めた。しかし、体調が回復してまた今もときどき

は行って仕事をしている。自分ももうすぐ80歳になる。

2　浄土真宗地域の講中と葬儀

（1）　講中と葬儀の変化

　旧千代田町域の伝統的な葬儀については，第2章で紹介した旧千代田町本地地区の例が典型的であり，町域内でほぼ共通している。地域社会の人びとの交流は，部落，講中，アタリ（辺り）を中心としている。部落はもっとも小さな行政的な単位であり，かつ社会的な単位である。講中は化境寺との関係で結衆しているもっとも重要な信仰的かつ社会的な単位で，部落と同じ範囲の場合もあるが，別の範囲の場合もあり，部落と講中は基本的には別の組織である。アタリ（辺り）というのは葬儀などで相互扶助の関係にあるもっとも密着した最少の近隣単位である。葬儀ではアタリは男女2人出で，講中は1人出というのが通常である。

　この地域で寺檀関係の上で特徴的なものが前述のように門徒と化境という二重の関係である。門徒は寺ごとに広い範囲に分散しているが，化境は寺院の地元の家々を一まとめにしたものである。化境と講中は同義ではないが両者を構成する家々はほとんど重なっている。その化境と講中の行事の中心は毎月1回のお寄り講である。当番の家をガチ（ガチギョウジ・月行司）といって宿となり，化境の寺の住職に来てもらいお経をあげてもらって法話を聞く。そして，オトキ（お斎）が出て飲食と談笑の時間となる。毎月1回のお寄り講で住職へのお礼は米1升である。講中には人数分の共有の膳と椀があり，漆塗りの立派なものでそれが葬儀のときには使用される。葬儀はすべてこのアタリと講中の世話によって行なわれてきていた。

　しかし，そのような伝統的であった状態に2010年代の現在，大きな変化が起こってきている。旧千代田町営の公営火葬場の旧「慈光苑」が建設されたのが，前述のように高度経済成長期[2]の後半の1970年（昭和45）であったが，その後も生業変化や生活変化の大規模変化は進行していった。その点については，別稿[3]でも述べたとおりである。そうした中で，2008年（平成20）の北広島町営の新「慈光苑」の開設とJA広島北部経営の葬祭ホール「虹のホール」の開業

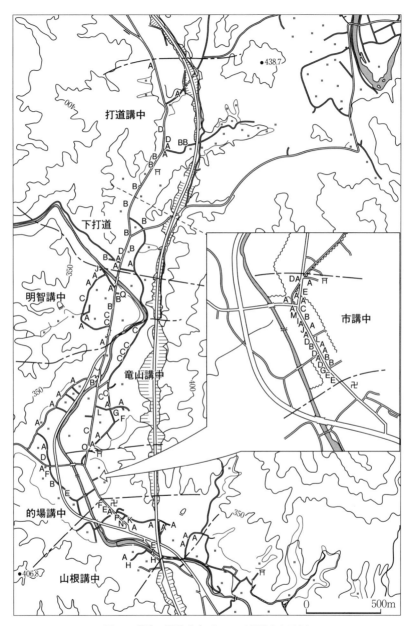

図45 蔵迫の門徒分布（A～Qは門徒寺を示す）

2 浄土真宗地域の講中と葬儀

表35 蔵迫の門徒寺別門徒数

寺　　　　名	門徒戸数	百分比
A蔵　迫　勝龍寺	45戸	39.47%
B新　庄　超専寺	18戸	15.79%
C上　根　善教寺	11戸	9.65%
D大　朝　円立寺	8戸	7.02%
E岩　戸　明円寺	5戸	4.39%
志路原　浄土寺	2戸	1.75%
寺　原　西光寺	2戸	1.75%
川　戸　勝応寺	2戸	1.75%
南　方　光雲寺	2戸	1.75%
本　地　専教寺	2戸	1.75%
新　庄　蓮光寺	2戸	1.75%
本　地　浄楽寺	1戸	0.88%
南　方　浄徳寺	1戸	0.88%
有　田　大福寺	1戸	0.88%
豊　平　仙徳寺	1戸	0.88%
瑞　穂　高善寺	1戸	0.88%
戸河内　真教寺	1戸	0.88%
不明その他	9戸	7.89%
合　　　計	114戸	

とはまさに画期的なものとなっている。

事例A：旧千代田町蔵迫の下打道の講中の例　旧千代田町域のそれぞれの地域社会には比較的農家の後継者も多く残って，それらの家々の結束が固く伝統的な講中のつきあいを保持している地域と必ずしもそうでない地域とがある。たとえば旧千代田町蔵迫地区の下打道部落9戸の例をみてみる。

かつては打道・明智講中として，上打道・下打道・明智の3つの部落が一緒になって1つの講中であり地元の勝龍寺の化境となっていた。しかし，古くからその化境の機能はあまりなくお寄り講などもほとんど開かれていなかった。そして，昭和40年代にはそれまでの講中を解消してそれぞれ3つの部落で別々に講中を組むこととした。そのうちでたとえば下打道部落はもともと7戸の家からなっていたが，それに戦後の転入戸1戸と新しい分家1戸を加えた9戸の小さな部落であった。戸数が少ないため部落はそのままアタリと同じとなっており，その状態で講中が部落と同じになったために，アタリと部落と講中とがまったく同じになったのであった。講中とは名ばかりでアタリと部落と同じ家々によるひじょうに小さな講中である。そのような講中でもそれぞれの家の門徒寺は異なっており，新庄の超専寺の門徒が5戸，地元の勝龍寺の門徒が3戸，大朝の円立寺の門徒が1戸となっている。現在では少子高齢化が極端に進み，高齢女性と未婚の中年男性の家が2戸，高齢女性だけの家が3戸，中高年男性だけの家が1戸，むかしながらの3世代同居の家が2戸，空き家1戸という状態である。アタリや講中のつきあいも葬儀の2人役や1人役などむかしのようにはまかなうことができなくなっているのが実情である。

そうしたなかで2008年（平成20）に70歳代の男性が2名ほど相次いで亡くな

った。7月に亡くなった男性は近所のアタリの人たちや講中の人たちの弔問のためもあり、通夜だけは自宅で行なったが、その他のすべてはJAの「虹のホール」を利用した。この部落で最初のホール利用の例であった。7月というのはJAの「虹のホール」が開業したばかりの時点であった。それに対して同年12月に亡くなった男性の場合は祭壇設営などJAのサービスは受けたが「虹のホール」は利用せず、通夜も葬儀もすべて自宅で執り行なわれた。アタリと講中の参加による旧来の葬儀であった。それはたいへん長期の入院の末の死亡だったので、せめて葬儀は自宅で、との思いがあったからだという。この地区ではむしろJA「虹のホール」ができてありがたいとの思いさえうかがえるのである。

事例B：旧千代田町壬生の保余原講中の例　丁保余原（ようろほよばら）には滝ケ迫講中（もと18戸、組み替えで現在13戸）と保余原講中（もと25戸、組み替えで現在30戸）の2つの講中がある。現在でもそれぞれお寄り講が存続しており、毎月、地区のジョウカイ（常会・定会）とセットになっている。このお寄り講とジョウカイには欠席できないのが現状だと人びとはいう。そこで地区の重要なことがすべて相談されたり、決められたりするからである。かつては講中の家々で順番に宿をしていたが、1989年（平成元）からは地区に作られた会館で行なうようになっており、飲食はもうなくなっている。

　葬儀のすべてが講中の役目として相互扶助の方針で行なわれてきていたなかでの最初の変化は、1998年（平成10）のこの丁保余原の旧家の服部泰久氏の葬儀のときであった。そのとき初めてJAの葬儀サービスを利用した。この丁保余原地区は農事組合法人の結成の早かった地区でもあり、地域の結束の固い地区である。その法人組織への転換を指導したのがその服部泰久氏を中心とする人たちであり、服部氏は内外に人望の篤い人物として現在でも記憶されている。率先して地域の人たちの負担の軽減を考えてのことであろうと語られている。

　2008年7月に開設されたJA「虹のホール」の利用の最初は2010年3月の服部武氏（益田病院で臨終）で、次が同年9月の立川良隆氏（安佐市民病院で臨終）、次が翌年4月の和泉玉男氏（八千代町の病院で臨終）で、最近増加傾向にある。いずれも病院で亡くなるかたちとなっている。自宅での葬儀の最後は2010年12月の森本つや子さん90歳（益田病院で臨終）と、翌年2月の佐々木策郎氏98歳

表36 「葬儀式次第」（司会進行係が手にもって参考にするもの）

時間	項目	内容
01 開式10分前 開式5分前	開式	※講中代表者＝寺宿にお寺様をお迎えのご案内に行く。 〇間もなく葬儀を開式いたしますので，遺族・親族の方はご着席ください。 ※生前に，帰敬式（おかみそり・法名）をいただいておられない場合＝テイハツの儀（棺の所へ講中より1名，棺の蓋を少し開く） ◇ご師匠寺の住職様＝お仏壇の前に着座（座布団4枚を準備のこと） 〇おまたせいたしました，本日は沢山の方々の，ご会葬をいただき誠にありがとうございます。ただいまより，浄土真宗本願寺派〇〇寺並びに〇〇寺のご住職のお勤めにより亡き〇〇〇〇様の葬儀を執り行ないます。 　　一同合掌…………礼拝（ご師匠寺の住職様の合掌・礼拝に合わせて）
20	お勤め お仏壇前 出棺勤行	ーお経が始まるー
	御文章拝読	御文章・白骨の章 　　　　　　　　　　　　　　※（講中の係により座布団撤去）
20	葬場勤行	◇ご師匠寺の住職＝お仏壇の扉を閉め退席，ほかのお寺様も席を立つ ※講中の係→曲録を座敷に出す→役僧さんの指示に従う ◇お寺様住職様が曲録前に立つ 〇ご遺族・ご親族の皆様は，ご起立をお願いいたします。 ※院号がある場合には，ここで院号伝達を行なう。喪主は祭壇前に進み出て，住職様と対面する→いただいた院号は，役僧様に手渡し→自席に戻る。 〇院号の伝達がございます。喪主様はご仏壇前にお進みください。
	住職焼香 正信偈	◇三奉請→住職焼香→表白文→ ◇鐘二打→正信偈→鐘一打→住職様曲録に着座→引き続いてお勤め→
	正信偈が 終わり	〇ご焼香のお呼び出しを申し上げます。 ①喪主並びにご親族様→②ご親戚の皆様，順にご焼香ください。 ③有縁のご会葬の皆様，前の方から順にご焼香ください。 　　　　鐘三打 〇ご遺族・ご親戚の皆様は，ご着席ください。
	弔辞	〇弔辞 外に，弔辞をご準備の方がありましたら，お願いいたします。
05	弔電	〇弔電がまいっておりますので，代読させていただきます。 沢山の方から頂戴しておりますが，講中の申し合わせにより省略させていただき，謹んでご仏前にお供えさせていただきます。（のちほど喪主さまにお渡しいたします。）
05	喪主挨拶	〇喪主並びに親族代表挨拶

02 ↕	灰葬の お勤め	○以上をもちまして，亡き○○○○様の葬儀を終了させていただきます。 　一同合掌…………礼拝（ご師匠寺の住職様の合掌・礼拝に合わせて） ○引き続きまして，灰葬(はいそう)のお勤めを，させていただきます。 　ご親族の方は，そのままお待ちください。 本日は，ご会葬，ご焼香いただきまして，誠にありがとうございました。講中として，万難(ばんなん)を排(はい)したつもりでありましたが，不手際がございましたらご了承ください。 なお，灰葬が終わりましたら，出棺いたします。お見送りくださいます方は，今しばらくお待ちください。 ◇ご師匠寺住職様以外退席→曲録を座敷から下げる→シカ花を変える。 ――灰葬のお勤め――
10 ↕	出棺	最後のお別れを，喪主・親族等で行なうので，講中は棺を部屋の中心付近に置き換え，棺の蓋を開け，生花の花の部分だけを遺族等に手渡す。終われば蓋を閉め出棺→霊柩車へ

（益田病院で臨終）でいずれもたいへん高齢で大往生というかたちであった。自宅の葬儀ではこれまでの講中の決まりどおりに葬儀は行なわれ，ホール利用の場合でも，葬儀の場所として自宅の代わりにホールを借りるだけで，講中の協力による方法は固く遵守されている。丁保余原は結束の固い集落であり講中の機能低下や消滅などは考えられないという。そして，葬儀の進行役のために表36のような葬儀式次第のマニュアルメモが作成されており，滞りなく葬儀が進められるよう配慮されている。

　なお，この丁保余原地区でも昭和戦前期における地主層の家での葬儀は，ひじょうに盛大なものであり，現在のような簡略化が進んでいる葬儀とは比べものにならないくらい豪勢なものであった。それを物語る写真が伝えられているのでここに紹介しておく。前述の服部泰久氏の祖父と父親の葬儀のときの写真である。1934年（昭和9）の葬儀の時点では，古い習俗にこだわらないと一般的にいわれるこの浄土真宗地帯であっても，女性たちが白装束で参列している姿が写っている（図46−1）。それに対して1937年（昭和12）の葬儀では女性たちは白装束ではなく頭に白い被り物という簡略化した姿が写っている（図46−2）。2010年代の現在ではかつてこの地域の葬儀でこのような女性の白装束が伝えられていたことを知る者はまったくいないというのが現状である。民俗の変遷の早いことがあらためて考えさせられる。

図46—1．1934年（昭和9）4月9日，壬生の丁保余原の旧家，服部泰久氏の祖父の清六氏の葬儀のときの写真 女性は白装束。

図46—2．1937年（昭和12）10月11日，同じく服部泰久氏の父親泰氏の葬儀のときの写真 女性は白い被り物。

事例Ｃ：旧千代田町壬生の信友講中の例　同じ壬生地区でも丁保余原は農村の例であるが，この信友講は町中の講中の例である。もともとこの地区の東横町と新宮町には信友講と唯信講の２つの講があり，その２つの講の境目が町場の家並み配置に沿うような単純なものではなく複雑に入り乱れていた。それは講中と化境の形成の歴史を反映してのものであったと考えられる。しかし，その1928年（昭和３）当時の状況としては，隣どうしの家であってもその家は他の講中の講員で，葬式のときなどに隣近所のつとめで出夫しても他の講中のことで小さくなっていなければならず，不便なことが多かった。そこで，２つの講の間で話し合いがもたれて道路沿いのわかりやすい家並み配置の線で２つに分け，そこから上を唯信講，下を信友講の家々として再出発することとした。そして現在に至っている。その再編成は1928年４月のことであった。これは講員の中の記録を大事にしている人が所持している帳面にも書いてあることで，多

表37　講中規約「信友講講中規約」

(1)本講は信友講とする。26戸で構成。
(2)お茶講は毎月１回，１戸を宿にして開催する。講員にはオトキは出さないが，僧侶には出す。
(3)お茶講のお布施は20銭で，月行司の負担とする。
(4)講中の報恩講は毎年12月12日に開催する。報恩講の当番は２戸でする。お茶講はそれとは別に宿をまわす。
(5)報恩講に参った人には全員にオトキを出す。
(6)講中に不幸が出たときに月行司が集めるものは，大人の場合には白米３合３勺，藁８把。小人の場合には白米２合，藁４把。旅香典は白米２合。
(7)旅講香典は白米２合。（筆者注記：旅講香典というのは講員の家の嫁の実家の両親が亡くなったときにこの講中から嫁の嫁ぎ先にあげる香典のこと。トコロの者とタビの者という言い方がある。嫁はタビの者とみなされていたことを表す語。）
(8)棺昇ぎは，大人の死亡のときは４人肩，小人のときは２人肩。
(9)棺昇ぎへの酒は，大人のときは１升，小人のときは５合。
(10)積立金は，毎月２銭。
(11)新入講者
　お茶講のとき，月行司さんより紹介があり，講中の皆さんにはかり許可が出れば使が入講者を呼びに来て講中の皆さんにひきあわせ，入講者挨拶をして入講が決まる。入講金１円。新入講者は翌年にお茶講の宿をする。茶菓子を出す。
(12)本講員の家に普請のあるときは講員各戸30銭ずつ見舞いを贈る。ただし，本宅，蔵，厠に限る。
(13)本講は毎年２月のお茶講で話し合いをする。

くの講員も知っていることである。その帳面と人びとの記憶によってこの信友講の決まりごとの変遷を追ってみることにする。

〔講中規約〕　上記の事柄は「信友講の由来の要約」として記されていることであるが，その1928年4月の取り決めの「信友講規約」の記述についてみれば，表37の通りである。

これが1928年4月の段階での信友講の規約であり，固く結ばれた講中組織であったことがわかる。それが戦後の高度経済成長期を経て現在に至るまでにその運営が緩んでくることになるのである。以下ではその後の講の申し合わせの主要な記事を追ってみる。表38が1961年（昭和36）2月の規約改定の申し合わせである。

高度経済成長期の真っ最中のこの時点での改正は金額が中心であり，廃止する処置を取っているのは，お茶講の茶菓子だけである。その次が1969年（昭和

表38　1961年(昭和36)2月24日の講の規約改定の申し合わせ

---

1 新入講者は金200円を積み立てること　　2 講道具保管料は年500円と定む
3 退講者あるとき200円銭別を贈る
4 今後お茶講の茶菓子は廃止すること，ただし新入講者は初めてのお茶講を催すときは茶菓子を出すこと
5 棺の幕を購入すること　　　　　　　　　6 毎月の積金は1戸30円と改む
7 お茶講当番は白米1升教得寺へ持参し，お布施は100円とする
8 旅講香典は20円とする　　　　　　　　　9 棺幕使用料は200円，区長に渡すこと
10 棺担ぎは大雪のときは6人肩とする

表39　講の申し合わせ（1）

1969年(昭和44)2月，講の申し合わせ事項
　1 葬式のとき，坪内2人のとき米1升，その他米5合
　2 葬式の本膳の後，仕上げはしない，1人当たり50円の菓子袋を配る
　3 骨拾いより帰ったときに茶は出さない　　4 初盆の家に講中からの灯籠は出さない
　5 棺担ぎは大人6人，子供4人
1970年(昭和45)2月，講の話し合い事項
　1 旅講の引受があったときは月行事が香典を集金して引受宅へ持参し，先方への会葬には月行事並に隣家も参らず，代わりに弔電を打つ
　2 本膳の後の仕上げは昨年の決まりどおりだが，後の残務整理のため，女子には菓子袋，男子には残り物で一献出してもよい
1971年(昭和46)2月，講の話し合い
　1 棺担ぎは4人にもどす　　2 今月より棺担ぎには酒は出さない

表40　講中規約「昭和四十六年三月改正　講中規約　聞名講」

㈠名称及び目的
本講は聞名講と称し，壬生大溝部落に在住する入講希望者をもって組織し毎月一回法座を開き仏法を聴聞しお互道徳を守り，講員協力し，助け合い生活の向上を図ることを目的とする。

㈡月行司及び任務
本講には毎月順番に月行司を置く。月行司はその当月中講中に関する講務を管理すると共に次の任務を持つものとする。
(1)当月中一回法座を開く。法座は前日までに講中に連絡し，一戸五百円集金し，その内二千円をお布施とし残金は貯金する。（会計係へ送至）
　法座を依頼する時，斎米壱升を教得寺に持参すること。
　御惣仏様は月変わりと同時に，次回月行司と話し合いの上送迎すること。
(2)講員に火災水難等災害の起きた場合は，直に講中に報知と共に，手伝い等の協議連絡をなし，見舞として一戸米壱升を集め持参するものとする。
(3)講員中に死亡者のあった場合は直に赴き，葬儀等講中に関する指揮連絡をなすと共に香典を集金し帳場に納入する。香典は一戸百五拾円とする。
(4)講員の配偶者の親死亡の場合は旅香典を集金し持参すると共に会葬又は弔電を送る等引受けとも協議し適当な処置をなす。旅香典は一戸百円とする。
(5)講中の諸道具椀家具等使用の時は，使用前個数等点検し，使用後は立会し個数の符合を確認し保管せしむること。

㈢葬儀
(1)火葬場は春木慈光苑を使用することとする。
(2)葬儀に使う花は帳場の指示する処による。但し出来る限り買入れ又は借用することとする。
(3)棺かつぎは月行司及び帳場において必要人数を定め順番に之に当るものとする。
(4)近所の手伝は帳場において適当人数，範囲等をきめる。

㈣入退講
新入講又は退講する場合は予め講中に申出，講員の協議決定により入退講する。
但し本講員にして，他行等のため休退講し，後日復帰した場合は再び本講に加入し得るものとし，入講金は講員協議の上決定するものとする。
(1)新入講の時は初道具代として米弐升と講中積立金の一戸の持分を納入し，次回の法座を持つこと。
(2)退講の時は納入した金銭及び物件の払いもどしはしない。

㈤報恩講
(1)毎年一月の法座を報恩講とし，出席者を茶菓子にて接待すること。
　但し代金は講中貯金より支払うものとする。
(2)一月法座には，全員出席し，経過報告と新年度の計画その他講中の問題につき協議申し合せをなす。

㈥御信道具
毎年七月には，麦初穂として一戸麦六合を，十一月には秋初穂として一戸米壱升を月行司

2　浄土真宗地域の講中と葬儀　　161

取集めの上，教得寺に持参すること。
(七)会計
会計年度は毎年四月一日より，来年の三月末日迄とし，会計報告は四月法座に行なうものとする。
附則
(1)本規約中の米麦を金員で納める場合は，時価相場により換算する。
(2)本規約は大正四年参月会聞名講，講中申定連名規約書(以下旧規約書という)を基として時代に即応するよう，昭和四十六年三月，文章及び規約の一部を改めたものであり，本規約に定めていない事項については，旧規約書の主旨を遵守し，講中にて協議決定することとする。
附記
昭和四十七年より，部落班長の任期を四月一日より翌年三月三十一日迄と変更することに伴い，本講に会計年度を設けることの規約を改正する。

表41　講の申し合わせ（2）

1975年（昭和50）2月，講の話し合い
　1 茶講は寺へお布施1,000円とする。
　2 報恩講はオトキを廃止して茶菓子にする。
1984年（昭和59）2月，講の話し合い
　1 報恩講の当番の廃止，2月の話し合いの月も廃止して，12月のお茶講に当たった月行司が報恩講と話し合いの月とする。
　2 報恩講の菓子代200円とする。
1997年（平成9）12月，講の話し合い
　1 葬式お布施　　本　30,000円　　副　20,000円　　伴　10,000円
　2 灰葬お布施　　本　 5,000円　　副　 3,000円
　3 旅講香典300円とし総額10,000円とする。不足分は講金より出す。
　4 弔電は廃止する。
　5 旅香の返しはしないこと。
2002年（平成14）12月，講の話し合い
　1 報恩講当番を来年から1軒としてお茶菓子は出さないことにする。
　2 講中香典3合3勺(200円)は廃止する。

44）から71年（同46）の講中の申し合わせ事項である（160頁の表39参照）。

　この時点では，葬式の本膳の後の仕上げ，骨拾いから帰ったときのお茶，初盆の灯籠が廃止されている。また，旅講の場合は参らずに弔電ですませる，棺担ぎに酒は出さない，などの簡略化がこの時期には進んでいる。そしてこの時期，前述のようにこの旧千代田町では1970年（昭和45）3月に春木部落の恩ヶ迫に新たな町営火葬場が建設される。そこで，この壬生の町で古くから使って

表42 「葬儀次第」(司会進行役の手持ちメモ)

遺族着席	
導師様入場着席	
開式の言葉	司会(ただ今より故○○様の葬儀を○○寺様の導師により執り行ないます)
	一同合掌……………礼拝
出棺勤行	
野帰り勤行	
御文章(白骨の章)	
本葬	司会(これより本葬に入ります,ご遺族の方ご起立ください)
三棒請	
導師焼香	
表白	
正信偈	帰命無量寿如来～　五劫思惟之摂受
導師着席	重誓名声聞十方～(これより焼香の呼び出しをする)
	司会(喪主○○様ご家族ご焼香ください)
	司会(ご親族の皆様,順次ご焼香ください)
	司会(ご会葬の皆様,順次ご焼香ください)
弔辞	(弔辞があれば順次呼び出しをする)
	司会(ここで弔辞を戴きます,○○さま)
弔電	司会(ここで弔電を代読致します)
	司会(故人を偲んで弔電が届いておりますが,披露は致しませんので,ご了承ください)
喪主挨拶	
閉式の言葉	司会(これをもちまして故○○様の葬儀を終わります。
	一同合掌……………礼拝
	ご会葬の皆様にはご多忙のところ,遠路わざわざご会葬くださいまして,誠に有難うございました。私どもの不手際が,いろいろあったことと存じますがお許しを賜りますよう,お願い申し上げます。
灰葬	司会(引き続き灰葬のお勤めがありますので,お見送りの方は今しばらく,お待ちください)

いた西谷のヤキバ(火葬場)は廃止となる。そして,人びとはそれまで急な坂道をヤキバまで棺を担いで行っていた重労働から解放され,棺は自動車で町営火葬場へと運ばれるようになった。この昭和40年代半ばという時期は,この旧千代田町域では大きな画期であり,大きな変化が起こりつつあった。そうしたなかで,講中の規約を定め直して組織固めをはかる講中もあった。その例がこの信友講と同じく壬生の町中の講中の1つである大溝地区の聞名講(もんみょうこう)である。その時期の聞名講の講中規約を紹介しておく。表40がそれである(161—162頁

表43 「葬儀の心得」

　深い縁に結ばれた人との，人生最後の厳粛な別離の儀式ですから，礼式に従って丁重に行ないましょう。人の死ほど厳粛なことはありません。私たち真宗門徒は形式的に葬儀を行なうのではなく，人生の無常，その無常の中を貫き，浄土に往生させずにはおかぬ如来の大悲を仰いで，真実の世界＝浄土等に思いを及ぼしながら心から勤めねばなりません。その意味で，華美になることは，なるべく避けましょう。

イ　臨終

○臨終にあっては，遺族は気が顛倒して冷静な判断を失いがちですから，隣家の方などをつうじて講中(坪内)月行司さんに知らせてもらいます。

○亡くなられたら，仏壇に灯明をあかし香をたきます。花は樒か青木のものととりかえます。

○遺体をととのえ，顔を白布で覆い，蒲団などを見苦しくないように整える。釈尊の入滅にならって頭を北にする習わしがありますが，家屋の都合でさほどこだわらなくてもよいでしょう(講や組合がなく，葬儀社が葬儀の進行をする習わしの土地では，そこへ連絡します)。

○以後葬儀進行の手配は，遺族の手からはなれて，講が主体になって行ないますので，細かいことまで口をはさむのは謹まねばなりませんが，真宗門徒としての筋だけは通しましょう。講(もしくは葬儀社)に対しては，当方の希望を充分のべて，よく打合せておきましょう。

○書店で売っている，儀礼エチケット集には，葬儀のことがくわしく出ていますが，浄土真宗の教義，作法に反することも多く書いてあるので，うのみにしてはいけません。

○電報代，車代など，当座に必要な現金を準備。

○お世話になった医師への物心両面のお礼を忘れぬよう。

○講中など葬儀の責任者は，遺族と相談して次のことを決め，準備する。

　・お招きするお寺へ急ぎ報せて臨終勤行や葬儀の日時と場所をきめる(このさい，友引などの俗信にとらわれぬこと)。

　・親戚，勤務先，知人に知らせる手配をする。電話や口頭で伝えるときは，冒頭の挨拶ははぶき，用件をまず伝える。

　・有線放送で知らす場合は，その手配。

　・その間，紙華(四華)を作って，灯明，香とともに故人の枕もとにおく。

　・葬儀にまつわりがちな迷信やまじない(たとえば日の吉凶，逆さ屏風，魔除け，守り刀，旅装束や六文銭，茶わんを割る，塩をまく，畳のしきかえ，一本箸をさしたご飯，満中陰が三月にわたってはいけない，など)にとらわれてはいけません。

ロ　臨終勤行

○枕経ともいいます。このとき遺骸のある部屋の床の間に御本尊をかけ，三具足で簡単に荘厳する。

○どんな場合でも，御本尊以外に向かっては勤行しない宗風ですから，よく知っておいてください。

○勤行は，阿弥陀経。

ハ　納棺

○俗に湯灌といわれている，沐浴の式をする。
○浄水を沸かして死者の体をぬぐい，相当な衣服を着せ，合掌させて数珠をかけ棺におさめる。
○旅装束やお金を入れたりしない。浄土に生まれるのに，わらじやお金は不要。
○魔除けだといって，守り刀などを置いたりも不要。魔除けをおくことは，その家には，魔が出入りすることを示す，恥ずかしいまじない。南無阿弥陀仏のある家には，魔除け，厄除けは不要。

　　　南無阿弥陀仏を　となうれば　四天大王　もろともに
　　　　よるひるつねに　まもりつつ　よろずの悪鬼を　ちかづけず　　　　（親鸞）

ニ　お通夜
○有縁の人が集まってその死をいたみ，最後の一夜を静かに見守るのが本旨だから，むやみに立ったり動いたりせず，棺に寄りそってすわる。
○むやみに飲み食いしたり，声高に談笑などはいけない。故人の遺言で（賑やかにと）あっても，酒や魚肉を出すのは不謹慎。
○遺族は弔問客のくやみを受けるが，ことば少なに礼をいうのみでよく，立って送迎しなくてもよい。
○葬儀責任者は，明日のことを考慮して，手伝人などを早めに解散する。近親者を除いて他の人には，時間をきめて引き上げてもらう。
○お通夜の勤行は特に指定しないので，聖典から適宜読経のこと。

参照）。この聞名講の1971年（昭和46）の規約改正は，かつて15年（大正4）に定められていた旧規約を改正したもので，時代の変化に即応するように会計年度を設けたものであった。

　一方，信友講中の変化について，続いてみていくと，表41にみるように，その後も高度経済成長期を経た後の変化は大きい（162頁参照）。報恩講の中心であったオトキの廃止，2月の話し合いから12月の話し合いへ，などという講の変化が激しく，平成に入るとまたさらに簡略化が加速する。報恩講ではお茶菓子も出なくなり，旅講の弔電も講中香典も廃止となっていった。そして，その後の平成20年度までの記録ではとくに話し合いのない年度が続いている。そして，2008年（平成20）のJAの葬祭ホール「虹のホール」の開業である。

〔信友講の葬儀次第〕　2008年のJAの葬祭ホール「虹のホール」の開業が今後この地域の葬儀のあり方を大きく変えていくことと想定される現在であるが，これまで先の壬生の信友講でながく行なわれてきた葬儀の次第について，表42のような記録が共有されている（163頁参照）。

〔葬儀の心得〕　また講員のあいだの葬儀の心得として，表43のような印刷物

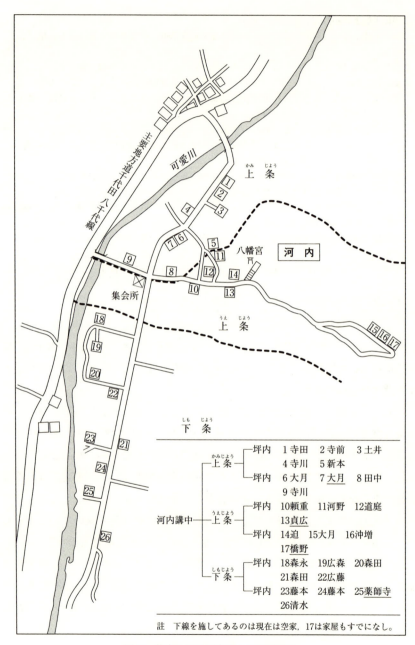

図47　惣森地区の河内講中の家並配置

表44　1993年（平成5）から2007年（同19）までの葬儀における賄い事の変化

1993（平成5）10月18日　男性（51歳）
　葬式は家で，炊事は会館で（1993年から炊事は会館利用へ，それまでは喪家で），寺宿は隣家に。葬儀の本膳，70人＋12人分（ツボウチ・アタリの分）。お鉢（ご飯）・汁・酒（湯呑茶碗で）・お茶，膳に，おひら（田芋・大根・こんにゃく・油揚げ・椎茸・人参・ホウレンソウ・トマト），つぼ（菓子5個ずつ），さしみ（ゆずこんにゃく・白味噌），あらめ（あらめ・油揚げ・人参・椎茸），白和え（こんにゃく・青菜・豆腐・胡麻），味噌汁（油揚げ・ふ・豆腐・ねぎ）。その他に，通夜の晩御飯，30人＋14人分（ツボウチ・アタリの分）。

1993年（平成5）10月23日　女性

1994年（平成6）6月17日　女性（91歳）
　このときから，膳に代えて容器のパックを購入，ただし料理を作るのはこれまでどおり。

1995年（平成7）9月16日　女性

2000年（平成12）6月9日　女性（95歳）
　このとき初めて，本膳を三田商店からとった仕出しにした。またパブリックという町内にできていた葬儀屋に注文して祭壇を設営した。それは喪主が都会から帰って来た人で，地域の伝統をあまり重視しない人であったからと記憶されている。

2000年（平成12）8月12日　男性（85歳）
　このときは，本膳にパックを80個購入した。町内のかめやという仕出しセンターにおかずだけを注文しようとしたが，1000円のおかずだけではいやだと業者がいい，ご飯付きで1500円のパックを注文したという。また，このときも葬儀屋のパブリックが祭壇を設営した。

2003年（平成15）1月11日　男性（51歳）
　本膳は，85個のパックを新見商店に注文。

2003年（平成15）12月12日　男性（87歳）
　このときは，本膳は本来のかたちでアタリの女性が炊事して作った。

2004年（平成16）2月5日　男性
　このとき初めて，葬儀を告別式と呼び喪家ではなく会館で行なった。家が狭いので会館を使ったという。通夜の晩御飯は本来のかたちでアタリの女性が炊事して作ったが，葬儀の本膳のオトキはおかずだけ1000円のパックを業者から購入して御飯は炊いた。祭壇は農協に頼んだ。

2004年（平成16）3月1日　男性
　このときは，これまでどおり葬儀は家で，炊事は会館で，本膳は本来のかたちでアタリの女性が炊事して作った。

2004年（平成16）6月3日　男性
　このときも，これまでどおり葬儀は家で，炊事は会館で，通夜の晩御飯は本来のかたちでアタリの女性が炊事して作った。本膳もアタリの女性が炊事して作ったが，パックもとった。

2007年（平成19）10月14日　男性（81歳）
　この人物は2000年の母親の葬儀で，初めて本膳に仕出しをとり，葬儀屋に祭壇を注文し

て古いしきたりを重視しない人として記憶されている。このときは葬儀の会場は喪家ではなく会館となった。ただし，通夜の晩御飯も葬儀の本膳も本来のかたちでアタリの女性が炊事して作った。なお，このときの話し合いで今回からは講中香典の米３合３勺はつながない，集めないこととした。

2010年（平成22）9月17日　女性
本膳のおかずにパックをとったが，通夜の晩御飯も葬儀の本膳も本来のかたちでアタリの女性が炊事して作った。パックはまだ付属的なものである。

が共有されている。

　このような葬儀のマニュアルが壬生の信友講中のあいだで共有されて，個々の講員の葬儀がそれぞれ滞りなく執行されてきていたのであったが，それが2008年のJA「虹のホール」の開業により，いま大きな変革と簡略化のなかにあるのである。

　事例Ｄ：旧千代田町壬生の惣森の河内講中の例　惣森は壬生のなかでも農村地域であるが，その惣森の河内地区は家並配置に沿って，図47にみるように上条，上条（うえじょう），下条（しもじょう）の３つのクミ（組）からなっている。その３つのクミ（組）はそれぞれ２つずつのツボウチ（坪内）からなっている（166頁参照）。葬儀で夫婦２人が手伝いに出るのは同じツボウチ（坪内）の家の４，５軒で，隣りのツボウチ（坪内）の家からは１人出る。講中の全戸からは葬儀の当日にクヤミ（悔やみ）に参る。ここに，上条（かみじょう）の組の例で，1993年（平成５）から2010年までの葬儀でとくに葬儀に際して注目される飲食と台所の賄いの変化を追跡してみる。表44に要点を整理してみた。

　その表44にみるように，1993年（平成５）から2010年（同22）までの17年間にこの上条（かみじょう）という地区講中では計13名の葬儀があったが，新たな変化への引力と旧来の伝統の継承への引力との両者が拮抗して推移している状況がみてとれる。この地域の家々の結束が葬儀における女性たちの炊事の賄い仕事の継続によって維持されつつあるという状況を見てとることができるのである。この地域では2013年（平成25）12月の現在でも，まだJA「虹のホール」を利用した葬式は出していない。

　事例Ｅ：旧千代田町壬生の下川東講中の中組の例　川東は惣森よりも壬生の町中に近い位置にある農村地域である。その川東は上川東と下川東とに分かれるが，下川東は上条（うえじょう）（12戸）・中組（9戸）・山根（6戸）・沖の上（8戸）・沖の

表45　1986年(昭和61)から2006年(平成18)までの葬儀とその変化

1986年(昭和61)12月24日　男性(88歳)
　この1980年代半ばの時期には，まだこの地域で伝えられていた伝統的な葬式であった。
1989年(平成元)11月4日　男性
　このときも本膳が100人分も用意されたが，喪家の方からは多すぎるくらいだから止めてもらってもいいですよ，とのことであった。しかし，そういうわけにもいかないので，これまでどおりに用意して100人分となった。「送り膳」といって講中のなかでも隣のクミ(組)の家々や，カナオヤなどをはじめとして，クミ(組)以外の特別なつきあいのある家に配る膳も用意されていた。
1990年(平成2)2月5日　男性
　このときには「送り膳」が7個のはずであったが，今回からは「送り膳」はなしということに決定した。
1990年(平成2)7月14日　男性
　このときには，ご飯や味噌汁や漬物などはこれまでどおり作るが，おかずはパックで150人分ほど新見仕出しセンターからとった。しかし，パイン缶詰やさくらんぼなどが入っており，黄色や赤色は葬式にはおかしいのではないか，もう少し色どりを地味にしてほしいとお店に言いに行ったこともあるという。
1991年(平成3)2月28日　男性
　これまでは葬式も本膳のオトキも喪家であったが，このときは葬式は喪家で行なったが，本膳のオトキは集会所で食べた。パックはとらずむかしからの料理と献立で葬儀の本膳は130人分用意した。このときは通夜から葬式の2日間で喪家から提供された米1斗4升が消費されている。
1995年(平成7)3月14日　男性
　これまでどおりの賄いで本膳70人分が用意されている。料理は集会所で作りそこで食べるかたちへとなってきている。
2003年(平成15)10月18日　女性
　おかずだけの1000円のパックがとられているが，その他の料理も作られており，米は喪家から2斗ほど用意され，そのうち1斗2升が消費されている。このときから通夜菓子はなしとした。これまでは他所から通夜に来た人に菓子を配っていたが，それを止めることとした。通夜は親類も含めて友人など他所から来る人のためのもので，講中など地元がくるのはクヤミ(悔やみ)という。講中は通夜には参加しない。
2006年(平成18)7月17日　女性
　炊事は集会所にして通夜の晩御飯はそれを食べた，翌日の葬儀は喪家でした。昼の本膳は御飯付きのパック80人分を購入した。みそ汁などは作った。通夜に来た人へはお茶も出さないように決めた。また都合で葬儀の手伝いに出られない場合にはこれまでは代わりの人を立てていたが，そのときの判断にまかせて代わりの人を立てないでよいこととした。

下（7戸）の5つの組からなっている。講中のつきあいはその下川東が1つのまとまりであるが、葬式の手伝いはそれぞれの組の中で主として担われている。そのうちの下川東の中組9戸の葬儀の変化の様子について、1986年（昭和61）から2011年（平成23）まで追跡してみる。

　まず、表45にみる最初の1986年12月24日に行なわれた男性（88歳）の葬式はまだこの地域で古くから伝えられていた伝統的な葬式であった。12月23日に88歳で亡くなった男性の葬式が24日に行なわれた。葬式の重要な部分は飲食ごとであり、講中の記録にもその記述が多い。本膳は、「おひら」「かさ」「お鉢」「みそ汁」で、おひらは、不幸（葬式）のときは偶数、慶び（結婚）のときは奇数が決まりであった。このときの「おひら」は、①大根（小さい物は輪切り、大きい物は半月、厚さは2cmくらい）、②こんにゃく（2×4で8枚おとし、三角形）、③人参、④ごぼう、⑤ホウレン草（この③人参・④ごぼう・⑤ホウレン草はいずれも約8cmで2,3枚におとす）、⑥油揚げ（三角形の油揚げの左右両方を三角形に切りおとし残った中央の長細い部分をみそ汁の実にする）の偶数の6種類であった。ホウレン草以外ぜんぶ一緒にガス釜で炊き、里芋を入れるときにはねばるので別に煮ること、という注意書きがある。

　次の「かさ」の内容は、アラメ、油揚げ（千切り）、こんにゃく（細い千切り）、しいたけ、である。「お鉢」は、御飯である。「みそ汁」の具は、豆腐、油揚げ、麩、ネギである。材料については、喪家と近所と親類から大根、人参、ホーレン草、ネギが提供されている。

　本膳の用意は100人分で、買い物には、こんにゃく16袋（32枚）、ごぼう大1束、油揚げ70枚、豆腐22丁、ネギ大1束、アラメ20袋、白黒ゴマ2丁ずつ、味噌3（2kg）、ハイミー1、味の素1、麩5、と書かれている。そして、米と酒については、23日（通夜）には米が4升に酒が2升、24日（葬式）には米が1斗5合に酒が2升、とある。

　葬式当日の注意書きとして、以下のようにある。

- 手伝いの者は昼飯を手の空いたときにかんたんに食べておくこと（式のときか、式の直後、または本膳を出す前）。片付けや帳場の計算がすんだあと本膳を並べて喪主の挨拶のあといただく。片付けは自分たちでする。その後お菓子をいただいて片付けはしないで帰る。

・お寺さんと伴僧さんは膳を使って講師部屋で食べてもらうこと。
・お布施は食事がすんだあとお寺さんに渡す。本膳に親族が揃ったらテイシュヤク（亭主役）の挨拶のあと酒をついでまわる。その後すぐ汁をつぐ（汁は冷まさないよう注意すること）。
・椀は袋に入れられる状態にかさねて，テーブルの上などで風に当たるようにしておくこと。
・おひつは増見やから4つ，増やから3つ出す。
・送り膳は膳を使うこと。

　また，帳場の記録も転載されており，会計上の内容も周知されるようになっている。勝龍寺にお布施2万円と灰そう料5000円，大福寺にお布施2万円，伴侶にお布施1万円，2名の伴僧に寸志7000円ずつ，とある。

　その後，2006年（平成18）のこの地区の葬儀までは，葬儀における飲食と台所の賄いとはこのようにしだいに簡略化してきてはいたのだが，それなりにむかしのやり方が守られていた。

　しかし，2008年のJAの葬祭ホール「虹のホール」の開設は大きな変化のきっかけとなった。初めて「虹のホール」を利用する例がはやくも2010年には現れた。そして，その最初の事例では慣れないホール利用と，従来の方式との食い違いが若干の混乱をみせた。しかし，それも2回目，3回目となるとホール利用のきわめて簡便な方法が定着してくることとなった。

　そこで，それ以後の事例について追跡確認しておいたところでは以下のとおりであった。第1が2010年8月24日男性，第2が2011年5月14日女性，第3が2011年8月7日女性の葬儀であった。

　まず，第1の2010年（平成22）8月24日に死亡した男性（66歳）の葬儀の例である。

　このときに初めてJA「虹のホール」を利用した。料理も作ったが，葬儀の日の昼食の本膳は止めてむすびと漬物だけにした。次回からは喪家での食事は作らないこととして，むすびと漬物だけとした。従来の賄い仕事はおよそ以下のような流れになっていた。

　(1)死亡当日，朝から昼の早い内の死亡なら，その日の夜に通夜。夕方から夜に死亡なら1日おいて2日目に通夜。クミの当番の人が2,3人で通夜の晩御

飯を作って喪家をはじめ親族などに食べさせる。

　(2)葬式当日，クミの当番の人が2，3人で朝6時ごろに起きて集会所でご飯を炊いて味噌汁を作り，漬物やおかずを用意してその朝食を喪家に届ける。喪家では家族，親族，集まったクミの手伝いの人たちでその朝食を食べる。昼食の本膳（オトキ）の準備が朝8時ごろから始まり，買い物や講中の膳椀などの用意をする。寺の住職がやってきて葬式が始まるのは10時か11時前ごろ。葬式が終わって本膳（オトキ）になるのは13時ごろ。それが終わって夕方にかけて香典報告があり，こんどはシアゲ（仕上げ）といって親族がクミの人たちに食事のもてなしをする。

　それが，このたび初めてJA「虹のホール」を利用することになったことにより，今回は次のように変わった。

　24日13時43分死去。午後に大福寺と教善寺の住職が枕経。

　25日12時30分クミの者が買い物に行き14時に集会所に集まり料理をしたり葬儀の準備をする。クミの女性たちが晩御飯の用意をして17時ごろにこれまでどおりの料理を喪家に届ける。家族・親族の人数20人分。19時に喪家で通夜，教善寺の住職の読経。

　26日10時から集会所で御飯を炊いてむすびを作り喪家へ持っていった。家族・親族の20人分。11時ごろ，「虹のホール」で朝から帳場を開いている男性のもとへも4人分のむすびを持っていく。残っていた男性3人と女性のむすびは集会所で食べた。12時に喪家を出棺，クミの男性全員が一緒に行く。女性は13時に「虹のホール」に行く。14時から葬儀。その前に13時過ぎから「虹のホール」の係員から説明がある。メモには「すべて係の方の指示がある。お寺の方，4人そろったらお茶とお菓子，おしぼりを出す。葬儀が始まったらお茶，おしぼりをさげる。お菓子があればそのまま。終わったらお茶，おしぼりを出す。今回は（お寺さんは）食事をされずに帰られたのでパックを渡す」とある。指示した係員はJAの職員で顔見知りの人であった。14時に始まった葬儀が終わり，15時に出棺で火葬場「慈光苑」へと向かう。ホールに隣接している業者「早乙女たちの台所」からホールへパック料理が届いてからオトキの準備を火葬場から帰ってきた人のためにしておいたが，このときは17時40分ごろに拾骨をしてそのあと火葬場からみんな直接喪家に帰ったので，パック料理は持って

帰った。18時30分ごろクミの者は一同で集会所に集まり，帳場の報告と喪家からのお礼の挨拶があり，オトキのパック，果物，花などを1戸ずつもらって，19時ごろに解散した。後片付けをして男性たちは集会所でパック料理を一緒に食べた。

　次が，第2の2011年5月14日に行なわれた女性の葬儀である。

　「虹のホール」の利用が始まり，日程の上でも変化が起きた。14日に亡くなったので，通常なら葬儀は16日にしたかったのだが，先に16日に予約した葬儀が2つあったために，17日まで待たねばならなかった。その15日と16日の待機の間，クミの手伝いの女性たちも手持ち無沙汰で暇を持て余すくらいだったという。

　死亡が14日（土）午前10時18分で，15日（日）午前8時30分ごろクミの男性たちは喪家に集まったが，早めに引き上げた。女性たちはすることがないので行かなかった。16日（月）は，13時に男性たちが喪家に寄りいろいろと準備をして16時30分に棺は家を出て「虹のホール」に行き，そこで18時に通夜をした。帳場は男性が「虹のホール」に開いた。女性は2人でお寺さんのお茶の用意などをした。

　前回は喪家で通夜をしたが，今回は「虹のホール」で通夜をした。17日（火）朝7時30分にクミの男性は「虹のホール」に集まり，女性は8時30分に集まった。葬儀は午前10時から始めた。これまで喪家の家族や親族のために作ってきていた料理は，16日の通夜の食事も，17日の葬儀のあとのオトキの本膳もいっさい作らなかった。業者の「早乙女たちの台所」に注文してパックを55膳ほどとって分けた。お寺さんにも持って帰ってもらった。前回の葬儀で話し合い今回もそうであったように，喪家の家族や親族のための食事はクミではこれからもいっさい作らないことを，今回はみんなで再確認した。

　そして，第3が2011年8月7日に行なわれた女性（99歳）の葬儀である。

　7日午後14時41分死亡。16時30分，喪家にクミの男女が集合，枕経は勝龍寺と大福寺。8日午前8時30分，喪家にクミの男女が集合，午後15時，JA「虹のホール」の職員が喪家に来る。その15時過ぎに喪家から出棺して「虹のホール」へ移動して安置，18時から通夜。9日午前7時30分，クミの男性は「虹のホール」行き帳場を開く，女性は8時30分に「虹のホール」へ行く。10時か

ら葬儀，終わって，11時出棺，火葬場「慈光苑」へ向かう。勝龍寺，大福寺はオトキを持って帰る。火葬している間に参列者は「虹のホール」でオトキを食べた。拾骨のあと遺骨は家族の手で喪家に直接帰宅する。クミの者は午後14時30分に果物や花を分けて解散した。

こうして，この下川東講中中組の葬儀は，JAの「虹のホール」の利用を通して従来の葬儀のあり方，飲食や台所の賄いのあり方をその根底から変えていっているのである。

（2）　講中と葬儀の変化の事例差

以上，旧千代田町域の，蔵迫の下打道，壬生の保余原，壬生の町方の信友講中，壬生の惣森の河内の上条（かみじょう），壬生の下川東の中組という5つの地区と講中の事例を紹介してみた。そして，(A)講中の結束の緩み，(B)「虹のホール」の利用，という2つの点から比較してみると，(A)(B)ともに変化が早いのが蔵迫の下打道であり，(A)講中の結束の保全がもっとも根強いのが壬生の保余原である。(B)への変化がまだ起こっていないのが壬生の農村部の惣森の河内の上条（かみじょう）である。それ以外の壬生の町場の信友講中や，壬生の農村部だが町場に近い下川東中組では，2010年（平成22）から13年（同25）現在の時点では，(A)(B)ともに大きな変化の中にある。このように地域によって変化には少しずつの時間差があるということがわかる。その背景として推定されるのは，第一に，それぞれの村落の形成とその歴史の深さ，そして一定の戸数の力であるように観察される。壬生の保余原は正式な地名は丁保余原（ようろほよばら）といい，壬生（みぶ）も丁（ようろ）も古代に由緒をつなぐことのできる地名である。それら古い由緒を伝える町場や村落には一定の戸数が維持されてきており，それなりの結集力が伝承されているように観察されるのである。地域の結集力を表すのは，たとえば，1980年代から90年代に農政の一大方針として進められた農地の圃場整備と農業経営の法人化への動きに対する地域ごとの対応である。それについては別稿[4]でも追跡しておいたとおりであり，たとえば，(A)(B)ともに変化が早く講中の機能も弱く「虹のホール」の利用も早かった蔵迫の下打道の場合は，前述のように戸数も在来戸は7戸（9戸）とひじょうに少なく，地域の結集力もあまり強くはなく圃場整備への対応も遅れて地域でまとまっての農業法人化は実現しなかった。そして結局は，

表46　農事組合法人ほよばらの設立への歩み

1981年(昭和56)	麦大豆生産組合結成
1984年（　59）	転作営農組合へ改組
	保余原農業振興組合へ改組
1987年（　62）	水田農業確立対策提示
1988年（　63）	21世紀型水田農業モデル圃場整備促進事業提示
1991年(平成３)	圃場整備事業認可
1995年（　７）	保余原地区圃場整備事業工事着工(約２分の１耕地)
	11月　法人設立
1996年（　８）	１月10日　法人設立登記
	12月24日　特定農業法人の認定
1997年（　９）	２月１日　千代田町認定農業法人へ

戸別に委託営農という方式へとなっていったというのが実状である。それに対して，(A)の講中の結束が固い壬生の丁保余原の例では，2008年（平成20）の時点で戸数は43戸（農家39戸，転出中の農家４戸）で全戸が兼業農家で，水田面積は圃場整備の前は31.6haであったが圃場整備を進めたのちの現在では27.0haとなっており，この地域で結成された農事組合法人「ほよばら」の特徴は以下のとおりである。

(1)全戸加入で全耕地集積を徹底。
(2)全戸とも耕地の所有権は保持するがその利用権はすべて収束して法人組織に設定。
(3)1haから1.4haを中心とする大区画水田でその均平区には個人所有の境界は書類上明記するが中畔は設けない。
(4)全戸とも兼業農家で家計維持の主収入源は給与所得であり農業収入への依存度は低い。
(5)最大目標は，農地の保全，集落の保持，農家の経済安定，地区環境の整備。

そして，わかりやすい役員および組織図が作成されており，機械施設部のオペレーター会議を中心に適宜の労働配分がはかられている。その労務方式は，

(1)集落内全員参加を基本とする。
(2)出夫可能者による選択出夫とするが，１日も出夫しないのは原則として認められない。

と定めている。また生産管理は，

⑴地域を，上（第1班），中（第2班），下（第3班）と3ブロックに分け，そ
　　れぞれのブロックの責任において処理する。
　⑵各ブロックに管理費（反当たり1万円）を配当して自主運営とする。
　⑶労務費はすべて時間給とする。
と定めている。したがって，水の管理，畔の草刈り，除草剤散布，追肥などそれぞれの水田管理担当者も分担配分されている。たとえば，2008年の春の田植え作業における労働配分の場合も，4月6日（日）から5月18日（日）までの田植えに関する作業計画と労働配分とが人びとに周知されるように図にしてよくまとめられ連絡されていた。この法人組織の設立への過程は表46のとおりであった。

　また，(A)(B)の変化に関係する第二の背景としては，商店が立ち並ぶ町中よりも奥まった農村部の方が古い伝承を大切にしようとする引力が強い傾向があるということが指摘できる。壬生の農村部で町場からやや離れた惣森の河内の上条の例と，その川下に隣り合っている農村部で壬生の町場にやや近い下川東の中組の例と，両者を比較すると，広い水田が開けて壬生の商店街や現在では大規模な病院などに近接するようになっている下川東の中組の方が先行して新しい変化の波に押し寄せられ，それに応じて変化を進めているものと観察されるのに対して，少しではあるが上流の集落的にほどよくまとまった農村景観の惣森の河内の上条の方が古くからのしきたりを守ろうとする力がまだ働いているものと観察される。

　しかし，その上条の場合にも集落内の家々の世代交代が進む中でこれからもその伝承維持への力が働き続けるかどうかはまた別の問題である。この旧千代田町域で2008年の新型公営火葬場の設営とJA「虹のホール」の新設とが引き起こしている大きな葬送習俗変化の波は，まもなくこの一帯を覆い尽くすのであろうと推定されるところである。

3　日本民俗学の「伝承論」

（1）　コヤラヒとオヤオクリ

　近年の葬祭業者の関与と新型公営火葬場の設営と葬祭ホールの利用という全

国的な動きは，浄土真宗の卓越したこの広島県山県郡旧千代田町域（現在北広島町域）においてもこのように例外ではない。2008年（平成20）のJA「虹のホール」の開業はそれまで伝統的であった根強い安芸門徒の講中による相互扶助の葬儀を大きく変換させてきている。JA「虹のホール」の職員が主導する葬儀となり，講中の手伝いが不要となってきているのである。

　第2章と第3章とを通じて，広く長い日本歴史のなかで，葬儀の主たる担当者は，A血縁的関係者からB地縁的関係者へという変化を刻んできているということを論じてきたが，戦後の高度経済成長期を経て急激に葬祭業者の参入へという動きが加速し，それが最近では葬祭場の利用へ，つまりC無縁的関係者の主導へという変化がいま起こってきていることが追跡できた。つまり，葬儀の主たる担当者は日本歴史の上で，A→B→C，という大きな3波展開を刻んでいるということができるのである。このような民俗伝承の比較研究と記録資料の追跡という方法の両者の併用によって，民俗つまり伝承文化の変遷史を明らかにしようというのが，日本民俗学（伝承分析学）の「変遷論」という視点である。

　一方，そのような葬送習俗の変遷史のなかでも変わることなく伝承され通貫している部分もある。それに注目するのが日本民俗学（伝承分析学）の「伝承論」という視点である。そして，その視点からみれば，葬儀つまり死をめぐる儀礼的対応は，基本的に生の密着関係が同時に死の密着関係へと作用して，長い歴史の流れのなかでもつねに親子などの血縁的関係者が葬儀の基本的な担い手とみなされてきているという事実が注目される。これまでBの地縁的関係者が主に分担してきた葬儀の場合でも，土葬の場合には最初の一鍬の土を棺にかけるのは喪主だとされ，火葬の場合にも最初に火をつけるのは喪主だとされてきていた。第2章で紹介した事例Ⅵ滋賀県竜王町綾戸の場合でも，サンマイは完全な共同利用で家ごとの区画はなく埋葬のつど古くなった場所で適当な地点を選ぶが，墓穴掘り役の約3，4人はむやみにスコップを下ろしてはならなかった。必ず喪主が指定し依頼した場所にスコップを下ろし，いったんスコップを下ろしたらそこから決して場所をかえてはいけないとされていたのである。それは葬送というものは家族や親族がみずから行なうものだという不文律があったからこそ，そのようなしきたりが根強く残され伝えられてきていたのだと

考えられる。

　葬儀をめぐるこのような変わりにくい伝承から注目されるのが，民俗伝承のなかの「親送り」という言葉である[5]。親を送るのは子のつとめだということを表している言葉である。それをここであらためて抽象化して提示するならばオヤオクリという分析概念として提出できるであろう。それは前述のように，生の密着関係が死の密着関係へと作用するという，社会的に伝承されてきている義務的な観念である。これから近未来の日本社会でますます主流となっていくであろうＣの無縁的関係者たる葬祭業者が主となって行なう葬儀の場合でも，火葬の点火のスイッチを押すのが喪主の役目だとされる伝承は根強く伝えられていくことであろう。近年の「家族葬」の流行も，葬儀の基本がオヤオクリにあるということを表している一つの歴史上の現象としてとらえることができる。

　かつて柳田國男の指導のもとに「児やらひ」という民俗の言葉に注目したのは大藤ゆきであったが[6]，親子の関係を生と死という存在論的な枠組みから対比的にとらえてみるならば，その「児やらひ」と「親送り」という民俗の言葉があらためて注目されてくる。そこでここに，たとえば「ハレとケ」のような対概念にならうならば，親子の関係と結びつきを表す概念として，「コヤラヒとオヤオクリ」という対概念を設定することができるであろう。

　結論的に言えば，日本の葬送の民俗伝承から日本民俗学（伝承分析学）がその視点と方法とによって抽出できる「変遷論」とは，日本歴史のなかの「Ａ血縁→Ｂ地縁→Ｃ無縁」という葬儀の担い手の３波展開の民俗変遷史である。そして，「伝承論」とは，親と子の生と死の民俗に通貫している「コヤラヒとオヤオクリ」という不易の対概念なのである。

（２）　ナラティブホームものがたり診療所――ヤシナヒビトの存在

　人間にとって死の確率は100％である。その死を看取るのは誰か。むかしから「死に水をとる」という言い方があるが，先の「コヤラヒとオヤオクリ」という関係からいえば，子供を育てるのが生みの親ならば，老いた親の死を看取るのはとうぜん実の子供ということになる。しかし，子供が老いた親を看取ることがそれほど容易なことではなくなってきているのが，現在の超高齢社会日

本の実情である[7]。

　2012年（平成24）現在の日本人の平均寿命は男性80歳（世界5位），女性87歳（世界1位）となってきており，葬儀が葬祭業者の手に委ねられてきているのと同じように，多くの高齢者の終末期は，いよいよ死を迎える段階に至っている超高齢者の場合，その医療手当も介護も病院の医師と看護師や介護師の人たちの手へと委ねられるようになってきている。介護保険法が施行されたのは2000年（平成12）4月1日からで10月からは介護保険料の徴収が始まってきているが，その介護保険法の第1条には，「加齢に伴って生ずる心身の変化に起因する疾病等により要介護状態となり，入浴，排せつ，食事等の介護，機能訓練並びに看護及び療養上の管理その他の医療を要する者等について，これらの者が尊厳を保持し，その有する能力に応じ自立した日常生活を営むことができるよう，必要な保健医療サービス及び福祉サービスに係る給付を行うため，国民の共同連帯の理念に基づき介護保険制度を設け，その行う保険給付等に関して必要な事項を定め，もって国民の保健医療の向上及び福祉の増進を図ることを目的とする」とある。しかし，高齢者介護や高齢者医療の問題は未だ社会的な経験知の蓄積が十分ではなく，まだまださまざまな模索と試行錯誤の段階にある。

　そうしたなかで，筆者の民俗調査研究の中で，とくに注目される医療法人の活動がある。富山県砺波市にある医療法人社団ナラティブホームものがたり診療所の活動である[8]。そのナラティブホームは，佐藤伸彦医師（1958年生）が中心となって2010年（平成22）4月に砺波市駅前にオープンしたものである。その目的・理念については，まだ佐藤医師が市立砺波総合病院地域医療部長として在職していたときに書かれた，『家庭のような病院を―人生の最終章をあったかい空間で―』[9]という著書によく示されている。佐藤医師の考えるナラティブとは，患者の生活史のことであり，今までその人がどのように生きてきたかを記録し，病院（医師，スタッフ）がそれを家族と共有するものである。患者さんが語る物語（ナラティブ）は，NBM（narrative based medicine）とも呼ばれ，患者の背景を知るために有効である。これは，EBM（evidence based medicine），いわゆる数値偏重主義の医療に対する警鐘としてでてきたものである。

その佐藤医師とのおつきあいが少しばかり長い私たちが，2010年8月にナラティブホームを訪れたときのことである。16部屋のうち9部屋に入居者がいた。臨終間近の高齢者で，老衰2人，ALS（神経難病）2人など，ガン以外の人も入居しておられた。佐藤医師はこの診療所での診療とともに在宅の人たちの訪問診療も行なっており，そのときは在宅のガン患者を3人看ておられた。その人たちはもし在宅で看取れないような状態になればナラティブホームに来ると思われる。ガン末期患者の家族は，在宅の1, 2ヵ月は気が張っているが，最後はやはり疲れてくるものである。家でもモルヒネは使用できるから在宅での治療も可能ではある。

　2010年8月1日に他の病院からナラティブホームに移ってきた人は大腸ガンの男性であった。ガンが肝臓に転移しており，黄疸も出ていた。このものがたり診療所で，痛みをとったり，最後をどう迎えるか，を考えてその対応をする。ただ治療をするのではない。佐藤医師がまずするのは，これまで患者が病院のいろいろな診療科にかかってきていたのを一まとめにして世話をするということである。高齢者終末期医療はいわば総合医療であり，かつ高度専門医療である。ナラティブホームはただの病院ではない。住宅でもある。だから嗜好品もフリーである。お酒もたばこも大丈夫，ここは自宅なのだから制限すること自体がおかしいからである。医療で安心を支えることと，生活と在宅の自由とを組み合わせるのがナラティブホームである。ナラティブホームの入居者は，状態が悪くなってから亡くなるまで早い。だいたいが肩呼吸を始めて，その日のうちに死亡する。入居者のうち，2010年の4月は1人（膀胱ガン），5月は1人（子宮ガン），6月は4人（胃ガン1人，肺ガン2人，老衰1人〈93歳〉）が亡くなった。

　私はその後も佐藤医師の活動に同時代的に注目しながら，2014年（平成26）11月の北海道十勝の鹿追町でのNPO法人訪問看護ステーション「かしわのもり」の松山さん夫妻をはじめとする方々のお世話になったシンポジウムの場でも，また2014年12月2日の國學院大学での特別講義の場でも，とにかくたいへん多くのことを佐藤医師から学ぶことが続いている。

　その佐藤医師はいう。

　　医療が対象とするのは生命体としての「生命」と考えられがちだが，自

分たちが考えているのは，その「生命」はもちろんだが，もう一つ，ものがたられる人生としての1人ひとりの個々の「いのち」である。その「いのち」のなかでは，病気や障害はマイナスなだけではなく，その人の一側面であり，その人そのものでもある。平穏死，満足死などという言い方もあるが，自分はそうは考えない。よい死なのかどうかなどそんなことは問う必要はない。私たちは平穏死や尊厳死をめざして今を生きているわけではないのだから。

「ものがたりとしての死」とは，いろいろあったけどそれなりの人生だった，とそれぞれの人が言えるような死である。高齢者の患者さんには，「やり残したことはないか」，「言い残したことはないか」，「食べ残したものはないか」と聞いて，いまやりたいことは何か，言いたいことは何か，食べたいものは何か，飲みたいものは何か，その人の望みに応えるようにしている。

その人はむかし若く元気で立派であったときも，いま高齢で身体もみにくく弱々しく頭脳も衰えてボケが進んでしまっていても，その人は最期までその人であることに変わりはない。人間は最後の最期，「死」の直前までは生きているのだ。

佐藤医師たちナラティブホームものがたり診療所のスタッフは，「死」を見届けるのではない，最後の最期まで生き抜く「生」を支えているのだ。彼らのしていることはボランティア精神からでもないし，慈善の精神からでもない。ただ，1人ひとりの人間の「生」を応援し支えていくしごとにやりがいがあるのだ。汚く弱くわがままな終末期高齢者であっても，1人のかけがえのない人の「生」として，それを最期まで支えていくことに喜びを感じるという人たちなのである。病んで心身ともに苦痛と不安のなかにあり，わがままをいう高齢者の人たち，もう長くはないこの世の「生」，そのような1人ひとりの「生」を，「生命」としてではなく「いのち」としてみる立場に立って，そのはかない「生」を最後の最期まで支えることによろこびを見出す人たちなのである。善意などではとうていやりつづけられない，利益のためなどではとうていやれないしごとである。そこには，血縁も地縁も無縁も超えた関係世界がある。

このような人たちの存在を現場で知るとき，日本民俗学（伝承分析学）の視

点から帰納されるのはいったい何か。そのような人たちの活動に対して，医師や看護師や介護師などという呼称ではとうてい表せない世界がある。そこで，それぞれの人の「生」をそれぞれかけがえのないたいせつな「生」としてその人が生きている限り支える人たち，それをやりがい，よろこびとしている人たちという意味の言葉として浮かんでくるのは，「支え人」,「生き添い人」などという言葉である。それに近い言葉を民俗伝承のなかにさがしてみると，「養い親」に対する「養い子」という言葉がある。ただし，この佐藤医師たちスタッフは，それぞれの終末期高齢者の子供ではないから「養い子」というのはむずかしい。そこで考えつくのは「養い人」=「ヤシナヒビト」という言葉である。

人生の終末はすべての人にやってくる。その終末期高齢者に対する対応の歴史には，古代・中世・近世・近代・現代という長い日本歴史の時代差のなかに大きな変遷があったろうし，経済力や政治力や社会力の多様性のなかでも大きな差異があったにちがいない。しかし，少なくともここに想定できるのは，このナラティブホームものがたり診療所の人たちのような，血縁，地縁，無縁，という枠組みを超えたヒューマニズムの世界，「ヤシナヒビト」たちの世界が存在しつづけているにちがいないということである。親がいないかいても育てる力のない幼児や，子がいないかいてもめんどうをみる力のない高齢者に，手を差し伸べる養い親と養い人，歴史を通貫する「ヤシナイオヤとヤシナヒビト」の存在，それがここに提出する一つの仮説である。それは，血縁（親子），地縁（相互扶助），無縁（金銭）という関係性を超えた存在なのである。

進化の過程で死を発見した唯一の種[10]ホモサピエンスの至った究極の智恵とその実践だといってよい。

まとめ

以上のような追跡からここでの主要な論点をまとめてみるならば，以下のとおりである。

(1)近世の寺檀制度のもとで浄土真宗門徒の講中という強固な地縁的な組織が卓越してきていた地域の典型的な葬送習俗の事例として取り上げてみたのが，この広島県山県郡旧千代田町域の5つの事例であるが，この地域でも2008年

（平成20）の北広島町営の新しい火葬場「慈光苑」の建設と，JA経営の葬祭ホール「虹のホール」の開業が決定的に大きな画期を与えている。

　(2)近世以来，同じく講中組織の強固であった村落であっても，一定程度に近隣地域にまでその調査範囲を広げて比較観察してみると，その範囲内の事例ごとに講中の組織の緩みや葬儀の簡略化の実際には，地域的なそして時間的な差異が見出される。

　(3)古い歴史と由緒を感覚的に共有しあっている村落では伝承を守ろうとする引力が強いのに対して，新たな移住戸が多いなど歴史的な蓄積の浅い村落ではそれが弱いという傾向性が見出される。

　(4)この旧千代田町域の5例という少しだけの事例の調査分析からではあるが，2010年代という現在，葬儀のあり方の上での決定的な変化が起こってきているということが指摘できる。そのもっとも肝心な点は，従来の講中の世話になる葬儀からJA「虹のホール」を利用する葬儀へという変化である。それは，伝統的であった相互扶助の関係における労力提供という金銭的には無償の地縁的な世話協力という関係から，新たな有償の金銭の支払いによるいわば無縁的な葬儀業者からのサービス提供の購入へ，という大きな変化である。

　(5)第2章「葬送の民俗変遷史」とこの第3章「葬送変化の現在史」とをあわせての事実確認とその情報分析の結果として，ここにあらためて指摘しておくことができるのは以下の点である。日本歴史の中で葬送の作業を担う中心的な存在として位置づけられてきた人間は時代ごとに変化している。大まかな見取り図的な理解としては，古代・中世の社会では血縁的関係者が主であったが，近世以降の社会では講中など地縁的な関係者が主となっていき，それは近代の日本社会でも継承されていた。しかし，戦後日本の高度経済成長を経ることによって，「死と葬儀の商品化」[11]という現象が起こり，死は医療関係者の対象へ，葬儀は葬儀業者の有料サービスの対象へとなってきている。つまり，長い日本歴史の流れのなかで，葬儀の作業を担う中心的な存在として位置づけられる人間についての，過去・現在・未来の時間幅のなかでの転換過程をここに整理するならば，古代・中世の血縁中心から近世・近代の地縁中心へ，そして現代・近未来の無縁中心へ，という3波展開が指摘できる。ただし，そのような大きな変遷史のなかでも変わることなく通貫しているのは，基本的に生の密着

関係者である血縁的関係者が同時に死の密着関係者であり葬儀の基本的な担い手であるという事実である。

(6)葬儀をめぐるそのような変わりにくい伝承から注目されるのが，民俗伝承のなかの「親送り」という言葉である。親を送るのは子のつとめだという意味の言葉である。それと対比される民俗伝承のなかの言葉は「児やらひ」である。存在論的な枠組みから対比的にとらえてみるならば，その「児やらひ」と「親送り」という対の民俗語彙に注目して，たとえば「ハレとケ」のような対概念にならうならば，親子の関係と結びつきを表す概念として，誕生から成長そして老化と死亡における「コヤラヒとオヤオクリ」という概念をここに設定することができるであろう。

(7)日本の葬送の民俗伝承から日本民俗学（伝承分析学）がその視点と方法とによって抽出できる「変遷論」とは，日本歴史のなかの「血縁→地縁→無縁」という葬儀の担い手の3波展開の民俗変遷史であり，「伝承論」とは，親と子の生と死の民俗に通貫している「コヤラヒとオヤオクリ」という不易の概念である。

(8)高齢者に対する医療と介護の現場から日本民俗学（伝承分析学）が学び取ることができるのは，血縁（親子）・地縁（相互扶助）・無縁（金銭）という関係性を超えた人たちの存在である。それぞれの人の「生」をそれぞれかけがえのないたいせつな「生」としてその人が生きている限り支える人たち，それをやりがい，よろこびとしている人たちという意味の言葉として，たとえば「支え人」，「生き添い人」という言葉が設定できる。そして，民俗伝承のなかに伝えられている「養い親」に対する「養い子」という言葉を参考にするならば，「養い親」と「養い人」という対の言葉を抽象化して，「ヤシナヒオヤとヤシナヒビト」という対概念をここに提出できるであろう。

註
（1） そのおばあさんの火葬のときまだ25歳くらいだった地元の岸田豊作氏（1948年生）の記憶では，うまく焼けずに焼き直すのに藁を追加したとの話を聞いたとのことである。しかし，この地方では遺体の火葬に際しての焼け方の実際について語ることは絶対にしてはいけないことで，とくに遺族に対してはどんな焼け方であっても，「よく流れておられました」というのが決まりであった。
（2） 経済学では1955年（昭和30）から第1次オイルショックの73年（同48）までとする

が，民俗学の視点から生活変化の実態を追跡する上では，1955年から75年（昭和50）を一くくりとして，その後については1980年代，90年代，2000年代，10年代と約10年ごとに区切って生活変化をとらえる視点が有効である。
（３）　新谷尚紀「高度経済成長と農業の変化」（『国立歴史民俗博物館研究報告』第171集，2011年）。
（４）　前掲註（３）新谷尚紀「高度経済成長と農業の変化」。
（５）　関沢まゆみ「北巨摩郡柳沢の位牌分けと別帳場」（『日本民俗学』第204号，1995年。のち『宮座と老人の民俗』〈吉川弘文館，2000年〉所収），民俗学研究所編『綜合日本民俗語彙』第1巻（平凡社，1955年）。
（６）　大藤ゆき『児やらひ』（三国書房，1944年。のちに岩崎美術社，1968年），民俗学研究所編『綜合日本民俗語彙』第2巻（平凡社，1955年）。
（７）　社会の高齢化率は全人口に対する65歳以上の人の割合で表される。日本はすでに超高齢社会へとなってきている。7％以上が高齢化社会（1970年〈昭和45〉），14％以上が高齢社会（1994年〈平成6〉），21％以上が超高齢社会（2009年〈同21〉に22.7％）。
（８）　この2010年（平成22）の時点での情報は，関沢まゆみ「家庭のような病院を―佐藤医師の挑戦―」（『高齢化社会における老年世代の生きがいと技能の継承をめぐる民俗学的研究』〈課題番号20520720，平成20〜22年度科学研究費補助金〔基盤研究Ｃ（２）〕資料集，2011年）から引用。
（９）　佐藤伸彦『家庭のような病院を　人生の最終章をあったかい空間で』（文藝春秋，2008年），同『ナラティブホームの物語』（医学書院，2015年）。
（10）　新谷尚紀『死と人生の民俗学』（曜々社，1995年），同『お葬式―死と慰霊の日本史―』（吉川弘文館，2009年）。
（11）　関沢まゆみ「葬送儀礼の変容」（国立歴史民俗博物館編『葬儀と墓の現在―民俗の変容―』吉川弘文館，2002年）。

［謝辞］　この第3章のもととなった論文の作成のための現場調査では，北広島町の役場やJAをはじめ多くの機関や地元の関係者の方々から大きなご理解とご協力をいただくことができた。元JA広島北部千代田の支所長で現在北広島町長の箕野博司氏，元壬生地区振興協議会会長で丁保余原地区の服部照雄氏，同じく丁保余原地区の滝田賢三氏，半田来氏，元北広島町教育委員会次長で壬生の町場在住の清水勇二氏，同じ壬生の町場の金子勲一氏，加藤和夫氏，広藤昭五氏，壬生の惣森の河内地区の新本慶子氏，壬生の下川東地区の岡英子氏，八重の今田地区の兼定幸男氏，蔵迫の中村繁人氏，旧大朝町鳴滝の岸田豊作氏，旧大朝町西横町の上西正春氏をはじめとする方々である。
　　本当にいろいろとありがとうございました。

あ と が き

　歴史学・考古学・民俗学の三学協業をもとに分析科学を加えた学際的で先端的な広義の歴史学創生のための研究機関として，井上光貞初代館長の格別な覚悟と努力によって，1981年4月に創設された国立歴史民俗博物館というたいへんめぐまれた場所で，およそ20年近くの研究生活を与えられてきた私が，あらためて柳田國男や折口信夫という日本民俗学の創生に尽力された大先達にゆかりの深い國學院大學という，研究と教育のやりがいある働き場を与えられたのは，2010年4月のことであった。あれから5年ばかりが経つが，柳田や折口をはじめとする先人たちへの感謝と恩返しの思いから，次の世代を担う若い研究者たちの育成へと微力ながら努力しているつもりである。そして，少しずつ小さいながらも確かな実を結んできている実感がある。「伝統は力である」ということを，歴史の古い國學院大學では深く静かに感じている。

　歴史の研究が文献史学の独壇場であるという考え方は，論理的ではない。文字に記録された過去の情報が重い価値をもつのは当然であり，文献調査研究の意義は絶大である。しかし，文字のない時代のことを考える考古学の存在意義もまた大きい。文字のある時代も含めて，発掘される遺跡や遺物の分析研究が重要な歴史事実を解明してきている。それに対して，柳田國男が創生した日本の民俗学は，それら文献記録や発掘遺物についての研究成果情報をも十分に読み取りながら，それに加えて民俗伝承 tradition の情報価値を発見して，その歴史研究における立体的な活用方法を提示した学問であった（『民俗学とは何か─柳田・折口・渋沢に学び直す─』2011年）。それは欧米輸入の明治・大正の近代大学アカデミズムの中に存在しなかった視点と方法を提案した学問であった。生まれたばかりのその学問の行く末を案じながらも，希望を燃やした柳田の言葉がある。それが，「民間伝承論」の中の次のような言葉である。

　　民間伝承論は，産まれたばかりの頑是ない幼児である。だから，外部には「好意の軽蔑」があり，内にはまた「謙遜なる無責任」とも名づくべきものがある。しかし，それを一つずつ取り払っていくことが，この学問の成

長である。

　私は，今からでも遅くはないと考えている。柳田や折口に学ぶこの日本民俗学（伝承分析学）の独創的な歴史科学の探求世界に対する，若き世代の研究者の理解と参加をまだまだ期待することができる。自分自身が学術的にはマイペースの研究人生であったが，一定の理解者に恵まれながら，これまで，村落社会と葬制や墓制（『両墓制と他界観』1991年，『柳田民俗学の継承と発展』2005年），またケガレ論や神社祭祀（『ケガレからカミへ』1987年，「ケガレの構造」〈『岩波講座　日本の思想　第6巻』〉2013年，『伊勢神宮と出雲大社』2009年，『伊勢神宮と三種の神器』2013年）などについて，小さな研究と小著とを具体的に提示できてきたつもりである。

　本書は，さらにこの学問の独創的な視点と方法とその有効性とを，次の若い世代に伝えておきたいと考えて，具体的な作業例を示しながらまとめてみたものである。葬儀の民俗についても，列島規模で地域的にまた時間的に変遷の段階差があるのが歴史の実態であり現実である。そのことが，比較研究の視点に立つことによって，葬儀分担者の，血縁から地縁へそして無縁（葬祭業者）へ，という歴史的な3波展開として確認できた。日本各地の民俗伝承の中に刻まれている地域展開的な立体的な歴史変遷が，柳田が提唱し私たちが継承し実践研磨している日本民俗学（伝承分析学）の視点と方法とを抜きにしては決して明らかにならないということを，本書によって僭越ながら理解してもらえるのではないかと考えている。そして，幅広い歴史科学の研究開拓のために，この日本民俗学という伝承文化研究の視点と方法について，その継承とさらなる研磨と発展に寄与できる若き人材の輩出をまた僭越ながら念願している次第である。

　本書の構成について一言しておくと以下のとおりである。

　第1章は，書き下ろし（天皇と火葬）を中心としており，新聞（『日本経済新聞』2010年9月5日版，『毎日新聞』2013年11月15日版）や雑誌（『CEL』第97号〈大阪ガスエネルギー・文化研究所，2011年10月〉，『歴博』第169号〈国立歴史民俗博物館，2011年11月〉）などの原稿に大幅な加筆修正をした文章を組み合わせて編集したものである。第2章は「葬送習俗の民俗変化Ⅰ―血縁・地縁・無縁―」（『国立歴史民俗博物館研究報告』第191集，2015年）をもとにしながらも大幅に加筆修正したもので，第3章は「葬送習俗の民俗変化Ⅱ―広島県山県郡北

広島町域（旧千代田町）の事例より：2008年葬祭ホール開業とその前後—」（『国立歴史民俗博物館研究報告』第191集，2015年）をもとにしながらも大幅に加筆修正したものである。その『国立歴史民俗博物館研究報告』第191集は，共同研究「高度経済成長期とその前後における葬送墓制の習俗の変化に関する研究」（2010年度―2012年度，研究代表者　関沢まゆみ）の成果をまとめた特集号である。

　本書の刊行に至るまでには，実に多くの方々の理解と協力と教示があった。研究推進の上では日本民俗学の継承と発展のためにたがいに長く切磋琢磨してきている国立歴史民俗博物館教授の関沢まゆみ氏，そして現在の勤務校である國學院大学教授の小川直之氏に，まずは感謝申し上げたい。さらに，日本各地の民俗調査の現場では限りなく多くの皆さま方の理解と協力をいただいており，たとえば服部照雄氏をはじめ第3章の謝辞にも記させていただいているとおりである。そして，本書の出版の上で現実的に多大なお世話をいただいたのは，吉川弘文館の方々であり，一寸木紀夫氏，並木隆氏，また歴史の森の関昌弘氏，その他多くの関係者の方々のお世話になりました。ありがとうございました。

　2015年3月

新　谷　尚　紀

挿図表一覧

図1　東京都下　八王子市の武蔵陵墓地　*2*
図2　泉涌寺　地図　*11*
図3　四条天皇陵墓（泉涌寺編『泉涌寺史』〈法蔵館，1984年〉より）　*14*
図4　後水尾天皇陵墓（同上）　*16*
図5　月　輪　陵（筆者撮影）　*16*
図6　孝明天皇陵（『古事類苑』より）　*18*
図7　明治天皇大喪当日の東京虎ノ門外（坂本辰之助『明治天皇御大喪記』〈至誠堂書店，1912年〉より）　*18*
図8　青山練兵場に設営された葬場殿（大喪使『明治天皇大喪儀寫眞』〈審美書院，1912年〉より）　*19*
図9　伏見桃山陵へ到着した明治天皇の霊柩（坂本辰之助『明治天皇御大喪記』〈至誠堂書店，1912年〉より）　*19*
図10　伏見桃山陵　遠景（大喪使『明治天皇大喪儀寫眞』〈審美書院，1912年〉より）　*20*
図11　伏見桃山陵　近景（同上）　*20*
図12　埋葬墓地（1）　香川県旧三豊郡仁尾町北草木　*33*
図13　埋葬墓地（2）　京都府旧綴喜郡田辺町打田　*33*
図14　埋葬墓地（3）　埼玉県新座市①-④　*34-35*
図15　春の耕作と田植え―1．荒掻き（昭和40年代前半。千代田町編『千代田町史 民俗編』〈千代田町，2000年〉より。以下，図16まで同じ）　*42*
図15　同上―2．苗取り　*42*
図15　同上―3．田植え　*42*
図16　秋の稲刈りと収穫―1．稲刈り　*43*
図16　同上―2．出荷　*43*
図16　同上―3．冬の藁細工　*43*
図17　炎天下での畑の草取り　*47*
図18　民俗学の研究分野と関連諸学　*55*
図19　柳田國男の民間伝承（民俗）の3部分類（3層分類）　*55*
図20　千坊講中の構成戸1～16　*66*
図21　枕元にローソクの火が灯されている（旧大朝町新庄岩戸・昭和30年代初頭。坪井洋文撮影。國學院大学折口博士記念古代研究所所蔵・提供。以下，図26まで同じ）　*68*
図22　出　　棺　*71*
図23　ヤキバへ向かう葬列　*71*
図24　ヤキバでの読経と焼香　*72*

図25—1．ヤキバでの火葬の前の棺と燃料の藁　*72*
図25—2．ヤキバでの火葬の直前の様子　*72*
図26　帰宅後のオトキの様子　*73*
図27　角島の位置（架橋以前）　*76*
図28　元山の中村地区の4つの部落とその家並配置　*77*
図29　赤沢の家並配置図　*86*
図30　宮の前ヤゴモリ　*88*
図31　流れ灌頂（井之口章次『生死の民俗』〈岩田書院，2000年〉より）　*98*
図32　七本仏と塔婆　*105*
図33　死をめぐる「縁」の模式図　*112*
図34　九相図　*119*
図35　A血縁とB地縁の比重の事例差　*119*
図36　浄円寺　*126*
図37　北広島町域　*137*
図38　旧千代田町域　*138*
図39　むかしの部落ごとのヤキバ（火葬場）の跡地（1）　*140*
図40　むかしの部落ごとのヤキバ（火葬場）の跡地（2）　*140*
図41　1970年設立の千代田町営の火葬場「慈光苑」　*141*
図42　2008年設立の北広島町営の新しい火葬場「慈光苑」　*141*
図43—1．2008年7月1日開業のJA広島北部の経営する北広島町「虹のホール」　*142*
図43—2．北広島町「虹のホール」の正面入口　*143*
図44—1．島根県邑南町田所にある火葬場「紫光苑」　*146*
図44—2．「紫光苑」の内部　*146*
図44—3．「紫光苑」火葬炉の入口　*147*
図44—4．「紫光苑」火葬炉の様子　*147*
図45　蔵迫の門徒分布　*153*
図46—1．1934年4月9日，壬生の丁保余原の旧家，服部泰久氏の祖父の清六氏の葬儀のときの写真（服部照雄氏提供）　*158*
図46—2．1937年10月11日，同じく服部泰久氏の父親泰氏の葬儀のときの写真（同上）　*158*
図47　惣森地区の河内講中の家並配置　*166*

表1　昭和天皇の喪儀との比較　*2*
表2　天武天皇の喪送記事　*5*
表3　歴代天皇の葬送記事　*6-10*
表4　一条天皇の葬送記事　*10*
表5　天武・持統以降の歴代天皇の葬法　*12-15*

表6　明治神宮造営の過程（『明治神宮造営誌』〈内務省神社局，1930年〉より）　21
表7　近代日本の興廃の40年周期　23
表8　リビング＝ウイル（尊厳死宣言）・脳死と臓器移植・葬送の自由関係略年表　27
表9　1885年から1962年まで記録された墓籍簿からわかる実情（奈良市吐山の事例。１．石塔に記されている人物・墓籍簿から見出せる人物／２．５歳以下の乳幼児や子供の死亡者数とその割合）　35-36
表10　農機具の普及状況（千代田町「統計台帳」より）　44
表11　航空防除農協別散布計画　44
表12　航空防除ヘリポート別散布計画　45
表13　主要な農業収入と農業支出（「千代田町野菜生産者大会」〈1978年〉より）　46
表14　産業別生産所得額（千代田町「統計台帳」より）　46
表15　部落と講中　67
表16　ア　タ　リ　67
表17　野崎部落の23戸　78
表18　宮の前ヤゴモリ　88
表19　滝沢茂七（茂記）家にとっての外ヤゴモリ　88
表20　1941年と69年の２つの葬儀　91
表21　昭和40年代の葬儀の役割分担　95
表22　1995年２月６日夜の料理　100
表23　葬　列　の　例　106
表24　葬儀役割の例　107
表25　葬儀の担い手（埼玉県新座市大和田の事例）――人々の葬送儀礼への関与と作業分担（新谷尚紀『両墓制と他界観』〈吉川弘文館，1991年〉より）　111
表26　1960年代から90年代への変化（１．湯灌の担当者／２．死装束作りの担当者／３．入棺の担当者／４．葬具作りの担当者／５．遺体処理の方法の変化。関沢まゆみ「葬送儀礼の変化―その意味するもの―」〈国立歴史民俗博物館編『葬儀と墓の現在―民俗の変容―』吉川弘文館，2002年〉より）　113
表27　白木のオモシンルイ・コシンルイ・タニンの関係（関沢まゆみ「葬儀とつきあい」〈『宮座と老人の民俗』吉川弘文館，2000年〉より）　115
表28　綾戸のソーレンシンルイの例　117
表29　旧千代田町（北広島町）本地の寺檀関係（沖野清治『近世浄土真宗の寺檀関係と講中組織』〈修士論文，1990年〉，山県郡千代田町伊達家文書より）　124
表30　旧千代田町（北広島町）壬生の寺檀関係（同上，山県郡千代田町井上家文書より）　125
表31　葬儀施行料金　144
表32　通夜から葬儀までの流れ　145
表33　開業当初の「虹のホール」利用状況　145

表34　当時の北広島町の人口　*145*
表35　蔵迫の門徒寺別門徒数　*154*
表36　「葬儀式次第」　*156-157*
表37　講中規約「信友講講中規約」　*159*
表38　1961年2月24日の講の規約改定の申し合わせ　*160*
表39　講の申し合わせ（1）　*160*
表40　講中規約「昭和四十六年三月改正　講中規約　聞名講」　*161-162*
表41　講の申し合わせ（2）　*162*
表42　「葬儀次第」　*163*
表43　「葬儀の心得」　*164-165*
表44　1993年から2007年までの葬儀における賄い事の変化　*167-168*
表45　1986年から2006年までの葬儀とその変化（「中組の記録」〈自61.12.23〉より）　*169*
表46　農事組合法人ほよばらの設立への歩み　*175*

索　引

あ
小豆まんま　103
アタリ　69, 152
『アチック・ミューゼアム彙報』
　40

い
イチブトリ　108
一杯飯　102
いのち　181
位牌　99
院家　70

う
ウチインドウ（内引導）　98
内ヤゴモリ　89
産土の神様　32

え
永代経供養　74

お
往生伝　121
王政復古　3
大傘　70
オカミソリ　79
オッパン（御飯）　79
オトキ（お斎・御斎）　68, 90, 147
オモシンルイ（主親類）　115
オヤオクリ　178
親送り　178
オヤカタ（親方）　100
お寄（り）講　67, 126
折口信夫　39

か
介護保険法　179
戒名　79
火葬炉　147
ガチ　152
月行事　67
合葬　2

上御一人　2
カミノマ（上の間）　80
粥の汁　103
cultural traditionology　56
棺桶　70

き
曲録　70

く
宮内庁　1
クミ（組）　168
供養から記憶へ　4

け
ケガレからカミへ　57
化境　66, 139
化境下　126
化境寺　69, 126
血縁・地縁・無縁　54

こ
皇室の菩提寺　13
講中　65, 139, 152
香淳皇后陵　1
香典　70, 89
高度経済成長　27
高度経済成長期　31, 152
講バネ　77
孝明天皇　17
高齢者医療　179
高齢者介護　179
後円融天皇　14
国立歴史民俗博物館資料調査
　「死・葬送・墓制の変容につ
　いての資料調査」　53
『国立歴史民俗博物館資料調査
　報告書9・10　死・葬送・墓
　制資料集成　東日本編1・2，
　西日本編1・2』　53
後光厳天皇　13
後光明天皇　15
後小松天皇　14
個人化　27

コシンルイ（小親類）　115
後堀河院　13
後水尾院　15
児やらひ（コヤラヒ）　178

さ
坐棺　70
佐藤伸彦　179
サンゴクマイ　110
散骨　10
3.11東日本大震災　22
3波展開　178
サンマイ　117

し
シアゲ（仕上げ）　69, 172
JA　143
四十九餅　99
四条天皇　13
自宅葬　144
七本仏　105
持統天皇　4
死と葬儀の商品化　49
死装束　70
死人の一口ぐい　101
渋沢敬三　39
シュウカン（筒羹）　89
拾骨室　147
重出立証法　54, 121
出産の医療化　48
俊芿　11
淳和天皇　10
上円下方墳　3
焼香　70
精進落とし　85
正信偈　65
精進料理　84
象徴天皇制　3
浄土教思想　11
浄土真宗　59
昭和天皇　26
昭和天皇陵　1
ショシモト（喪主）　81

194

す

鈴木棠三　61

せ

生命　181
セレモニーホール　26
『先祖の話』　25
泉涌寺　13

そ

葬儀サービス　144
『葬儀と墓の現在―民俗の変容―』　53
葬儀の商品化　28
葬儀屋　69
葬祭業者　151
葬祭ホール　142
葬式まんじゅう　103
葬式まんま　103
「葬制の沿革について」　53
『葬送墓制研究集成』全5巻　53
曹洞宗　99
ソーレンシンルイ（葬礼親類）　116
外親類　89
外ヤゴモリ　89
尊厳死　26

た

大正天皇陵　1
田中梅治　40
タニン（他人）　115
旅講　162
単独立証法　121

ち

竹岩聖皐　14
町営火葬場　83
町村合併　139
帳場　72

つ

ツエヒキ（杖引）　82
月輪東山陵　17
月輪陵　17
ツボウチ（坪内）　168
通夜　79

て

テイシュヤク（テイスヤク・亭主役）　68, 94
貞明皇后陵　1
寺参り　89
伝承 tradition　121
伝承文化分析学　56
伝承分析学トラディショノロジー traditionology　129
伝承論　56, 129
天武天皇　4

と

斎米　89
読経　70
トシトリ　93
土壌汚染　46
土壌学　39
戸田大和守忠至　17
トラディシオン・ポピュレール tradition populaire　56
traditionology　54
traditionologie culuturelle　56
鳥戸野　11
鳥辺野　11
ドンダ　79

な

中村正直　24
ナガレカンジョウ（流れ灌頂）　98
ナゴ（名子・納子）　101
ナノカテン　98
ナラティブホーム　180

に

日本民俗学（伝承分析学）の「伝承論」「変遷論」　177

の

納棺　92
農事組合法人　155, 175
野棄て　123
喉仏　150

は

白衣料　90
薄葬思想　4

薄葬の詔　4
ハダカニンソク（裸人足）　92
ハレとケ　57
万聖節　38
伴僧　70
万霊節　38

ひ

火入れ（点火）　147
比較研究法　137
彼岸団子　103
ヒキャク（飛脚）　68
檜隈大内陵　4

ふ

folklore　54
フォークロア　54
フォルクスクンデ　55
福沢諭吉　24
不幸（葬式）　170
伏見桃山陵　21
『仏教以前』　53

へ

変遷論　56, 129

ほ

報恩講　126, 165
方言周圏論　54
放射能汚染　22
法話　68
圃場整備　174
本膳　170
盆団子　85

ま

埋葬墓地　37
『詣り墓』　53
枕経　79
枕団子　93
枕直し　79
枕飯　93
末期の水　93
まれびと　57

み

民間伝承学　58
民俗伝承の3波展開　48

索引　195

む

無縁化　27
武蔵陵墓地　1

め

明治神宮　22
明治天皇　17
『明治天皇紀』　22

も

モージャ(死者)　78
ものがたり診療所　179
門徒寺　69

や

ヤキバ(焼き場・火葬場)　31, 70, 139
ヤゴモリ　87
ヤシキトリ　108, 118
養い親　182
養い人　182
ヤシナヒビト　182
八瀬童子　21
柳田國男　24

ゆ

有機農業　46
湯灌　70, 79

よ

ヨトギ(夜伽ぎ)　80
ヨビツカイ　79
依り代　57

慶び(結婚)　170

り

『粒粒辛苦・流汗一滴』　40
両墓制　34

れ

霊柩車　140
霊拝塔　150

わ

『倭名類聚抄』　64

196

著者略歴

1948年　広島県生まれ
1977年　早稲田大学大学院文学研究科史学専攻博士後期課程単位取得
現在　國學院大学大学院および文学部教授，国立歴史民俗博物館名誉教授，総合研究大学院大学名誉教授，社会学博士(慶應義塾大学)

〔主要著書〕
『柳田民俗学の継承と発展—その視点と方法—』(吉川弘文館　2005年)，『伊勢神宮と出雲大社—「日本」と「天皇」の誕生—』(講談社　2009年)，『民俗学とは何か—柳田・折口・渋沢に学び直す—』(吉川弘文館　2011年)，『伊勢神宮と三種の神器—古代日本の祭祀と天皇—』(講談社　2013年)

葬式は誰がするのか　葬儀の変遷史

2015年(平成27)5月10日　第1刷発行

著　者　新谷尚紀

発行者　吉川道郎

発行所　株式会社　吉川弘文館
〒113-0033　東京都文京区本郷7丁目2番8号
電話　03-3813-9151〈代〉
振替口座　00100-5-244
http://www.yoshikawa-k.co.jp/

印刷＝藤原印刷株式会社
製本＝株式会社　ブックアート
装幀＝伊藤滋章

© Takanori Shintani 2015. Printed in Japan
ISBN978-4-642-08199-3

JCOPY　〈(社)出版者著作権管理機構　委託出版物〉
本書の無断複写は著作権法上での例外を除き禁じられています．複写される場合は，そのつど事前に，(社)出版者著作権管理機構(電話 03-3513-6969，FAX 03-3513-6979，e-mail: info@jcopy.or.jp)の許諾を得てください．

民俗小事典 死と葬送
新谷尚紀・関沢まゆみ編

伝統的な葬送儀礼が大きく揺らぐ現在、死に対する日本人の考えはどう変化してきたのか。死・葬送・墓・供養・霊魂をキーワードに解説する。尊厳死や無宗教葬などの現代的関心にも触れた、死について考えるための読む事典。

四六判・438頁／3,200円

精選 日本民俗辞典
福田アジオ・新谷尚紀・湯川洋司
神田より子・中込睦子・渡邊欣雄 編

民俗学の基本用語700余を精選し、最新の成果をふまえてわかりやすく解説する。社会のあり方から日常生活まで幅広い項目を収め、日本の「いま」を読み解く学問としての民俗学を一冊にまとめた、初学者にも最適な辞典。

菊判・704頁／6,000円

日本民俗大辞典 上・下
福田アジオ・新谷尚紀・湯川洋司
神田より子・中込睦子・渡邊欣雄 編

激動の現代、日本文化の「いま」をどう読み解くのか。民俗学の蓄積を生かし、歴史学などの成果も取り入れ、日本列島の多様な民俗文化を解明。総項目6300、沖縄・アイヌなども視野に入れた、最高水準の民俗大百科。

〈上〉あ〜そ　本文1020頁／別刷68頁
〈下〉た〜わ・索引　本文1138頁／別刷60頁

四六倍判／各20,000円

吉川弘文館　　　価格は税別

お葬式
死と慰霊の日本史
新谷尚紀著

誰にでもやがて訪れる死。日本人はいかに死者を葬ってきたのか。葬式・墓・慰霊をキーワードに、各地の多様な習俗、弔い方や、死生観をたどる。死の歴史を見つめ直し、死への向きあい方をやさしく語る、葬式の日本史。

四六判・272頁／1,500円

柳田民俗学の継承と発展
その視点と方法
新谷尚紀著

民俗学はどこへ向かうのか。柳田國男の民俗学の再評価、民俗学の方法論、資料論、調査論など多様な視点から総括。また当屋制や両墓制の概念の再検証や、文献史料の民俗学的活用法を提示。民俗学の可能性を展望する。

Ａ５判・538頁／12,000円

ユネスコ無形文化遺産
壬生の花田植
歴史・民俗・未来
新谷尚紀監修　広島県北広島町編集

華麗な飾り牛や早乙女、賑やかな囃子が織りなす「壬生の花田植」。豊穣を田の神に祈る行事の起源と変遷を歴史学・民俗学などから考察。現在行われている行事の進行を付属ＤＶＤで再現し、担う人々の未来への思いを探る。

Ａ５判・344頁・ＤＶＤ１枚／3,300円

吉川弘文館　　　価格は税別

民俗学とは何か
柳田・折口・渋沢に学び直す
新谷尚紀著

日本民俗学はフォークロアでも文化人類学でもない。柳田國男・折口信夫・渋沢敬三らの原点確認によりそれらの誤解を解き「もう一つの歴史学」として捉え直す。民俗学の新たな出発と豊かな可能性を描く民俗学入門。

Ａ５判・222頁／1,900円

墓と葬送のゆくえ
（歴史文化ライブラリー）
森　謙二著

近年、「埋葬」されない死者が増えている。祖先祭祀などの伝統的思想が変質しようとしている。このような変化はいかに生じてきたのか。人々の意識や家族関係の変化などから読み解き、「埋葬」されることの意味を問う。

四六判・224頁／1,700円

墓と葬送の社会史
（読みなおす日本史）
森　謙二著

死穢を忌避してきた人々が、なぜ「死者」を埋葬し供養するようになったのか。ムラや都市の墓地空間、さまざまな墓制、祖先祭祀など、墓と葬送の歴史的展開を探り、現代の家族のあり方の変化に伴う今後の課題を問う。

四六判・264頁／2,400円

吉川弘文館　　　価格は税別

中世の葬送・墓制
石塔を造立すること（歴史文化セレクション）
水藤 真著
中世の葬送・墓制を正面から取り上げた初の書。公家・武家・庶民、さらに男と女の場合など豊富な事例を紹介し、その実態と歴史的変遷を解明。死体遺棄・両墓制など未解明の分野にも光をあて、葬送儀礼の淵源に迫る。
四六判・256頁／1,900円

日本中世の墓と葬送
勝田 至著
風葬・遺棄から仏教的葬儀・共同墓地へ。中世の葬墓制はいかなる変遷を遂げたのか。触穢・屋敷墓・京師五三昧など葬墓制の諸相から実態を究明。都の貴族・武士らの葬儀が、地方や庶民へ浸透する様相を明らかにする。
Ａ５判・366頁／8,000円

日本葬制史
勝田 至編
古来、人々は死者をどのように弔ってきたのか。死体が放置された平安京、棺桶が山積みされた江戸の寺院墓地など、各時代の様相は現代の常識と異なっていた。日本人の他界観と、「死」と向き合ってきた葬制の歴史を探る。
四六判・352頁・原色口絵４頁／3,500円

吉川弘文館　　価格は税別